心をつかむ44のヒント

阿川佐和子

文春新書

1435

話す力　心をつかむ44のヒント◉目次

II 話し相手との距離感

Ⅲ　日本語は相手の様子を見る言語

ちょっと長めのまえがき

このたびのお題は「話す力」です。

「なんだ、『聞く力』が売れたから、今度は『話す力』で稼ごうという魂胆《こんたん》ですか？」

と、そんな冷ややかな目で見ないでくださいませ。これには深い、いや、そんな深くもないけれど、ちょっとした理由があるのです。


『聞く力』を出したあと、読者からさまざまな感想が届きました。その中に、

「読んでよかったです。仕事の打ち合わせとかで、どうやって話を切り出したらいいかわからず、そんなときの参考になりました」


こういう声が意外に多かったと編集部から報告を受けました。そうか、人の話を引き出すことに悩んでいる人が多いだけでなく、話の切り出し方に苦労している人も多いのか。そう気がつきました。そこで二匹目のドジョウ目指して、というわけではありますが、「話す」をテーマにまとめてみようということになった次第。

「話す」と「喋る」は少し違うかもしれません。「話す」は相手の気持やその場の雰囲気、流れ、話の主旨などをしっかりわきまえて、客観性や順番にも配慮して、穏やかに語りかける印象があるのに対し、「喋る」は、その場でパッと思いついたことを唐突に、あるいはダラダラと、もしくは感情にまかせて口から勢いよく発するという感じでしょうか。

つまり、「話す」は比較的かしこまった場所、たとえばビジネスの現場などで真面目な内容を必要とするときとか、冷静に伝えなければならない状況、あるいはきちんと対応しなければ失礼になる相手を前にして行われるものであり、一方、「喋る」は気の張らない場所や、気を遣わずに済む相手を対象に行われるもののように思われます。

となると、この本は、かしこまった場所や、冷静に伝えなければならない状況における「話す力」について書かれているのか？ 否！ いないないないバーです。

必ずしもそういう本ではありません。というか、そんなふうには書けませんでした。

なぜなら、私自身、「話す」と「喋る」をどれほど区別して生きているかと考えるに、さほど意識していないと思ったからです。

もちろん、真面目になるときは真面目な話し方をします。誰を相手にしても、まるで友だち同士のように「そいでさー」なんて言えるほどずうずうしい性格ではないつもりです。でも心の中では、たとえ初対面の関係であったとしても会議などの堅苦しい場であろうとも、あるいは深刻な話をしなければならない状況においても、できるだけ早く打ち解けたいと、いつも望んでいる気がします。

そんなに不真面目なのか。そういう声が聞こえてきそうです。

今、気づきましたが、やっぱり「喋る」にはプラスの印象は薄いですね。だって、「お話し上手ねえ」という言葉は褒め言葉になるけれど、「お喋りねえ」と人に言われたら、「少し黙ってろ」と、暗に叱られたような気がしますものね。実際、叱られたことは何度もあります。

叱られたというわけではないけれど、数年前、お笑い芸人で占いも得意なゲッターズ飯田さんにお会いしたとき、彼とは初対面だったにもかかわらず、グサリと言い当てられました。

「アガワさんには、基本的に『聞く力』はないです。むしろ喋るほうが得意ですよね」と。なんでわかったの？　ギョッと驚き、たちまちうなだれました。それまで私は一時間以上、ゲッターズさんにインタビューをしていたつもりだったのに。

でも、おっしゃる通りでした。昔から、会食の席や打ち合わせの場に向かう道すがら、私はいつも自らに言い聞かせます。

「今日は喋るなよ、喋り過ぎるなよ。あとできっと後悔するんだから。大人しく人の話に耳を傾けて、静かに控えていなさいよー」

それなのに現場についてしまうと、やらかしてしまうんですね。調子に乗って、一人で喋りまくって帰ってくる。家に帰り着いたあと、酔った頭で初めて気づくのです。

「あんなに喋らなければよかった……」と。

そんなお喋りが、どうして何十年もインタビューの仕事を続けていられるのかと、疑問をお持ちの方もおられることでしょう。

我慢しているのです。ゲストの話を聞きながら、頭に浮かんできたことを話したい衝動に何度も駆られます。でもここは聞く仕事。黙っとれ、サワコ！　ところがその箍《たが》がときどき外れることがあります。ゲッターズさんとお会いしたときも、会話が楽しいあまりにインタビュアーの則《のり》を越えて、ペラペラやってしまったのでしょう。覆《ふく》水《すい》は盆に返りませんでした。

でも、と、言い訳をするようでナンですが、日本人は概して私同様、「話す」より「喋る」ほうが得意なのではないかと思います。

もちろん、男女を比較してみれば、女性のほうが圧倒的にお喋りの傾向があるでしょう。とはいえ、この人は無口だなあと思われる男性でも、相手が変わると突然、お喋りになる場合があります。話題を変えるとたちまち饒舌《じょうぜつ》になる人もいます。

つまり、よく知らない人の前や、さほど興味のない話のときは静かにしているけれど、得意な分野になると急激に喋り始める男性は、けっこう多い。まあ、我々女性は概して、相手が初対面であろうとよく知らない人であろうと、喋りたくなれば勝手に喋りますけれどね。

そんな果敢な女性でも、大勢の人の前で話すのが得意という人は、さほど多くないはずです。

昔、井上ひさしさんとユーモアについての話になったとき、井上さんがおっしゃいました。

「日本人は四畳半のユーモアは得意だけど、大会場ではユーモアを発揮できないんですよ」

仲間内で集まると、笑わせてやろうという下心がウズウズ動き出すのに、見知らぬ人が集まっている場に出ると、一気に萎縮してしまう。ユーモアどころか、大勢の人の前で話すこと自体ができなくなってしまうのでしょうか。

もしかして日本人はスピーチ下手なのかもしれません。気心の知れた友だちと炬燵《こたつ》を囲んでお喋りするのは実に上手で才能豊かである。ところが、目の前の何百人を相手にマイクを持って話すとなると、とたんに緊張し、言葉がギクシャクし始めて、型どおりの話しか出てこなくなる。とはいえ失敗するわけにはいきません。だから、事前に原稿を用意して、自分の書いた（あるいは他人の書いた）スピーチ原稿を読み上げることになるのです。たとえそこにユーモアが含まれていたとしても、観客を見ながら得々と披露するほどの勇気と余裕はない。ずっと原稿用紙に目を落とし、ただ読み上げるだけ。

常々不思議に思っているのですが、政治家の皆様は、自分を売り込むべき選挙運動のときは、選挙カーなんぞの高い場所から、見ず知らずの大勢の人の前でまったく原稿を見ずにとうとうとお喋りになるのに、大臣になるとたちまち顔を下に向け、原稿を読み上げるようなスピーチしかしなくなるのは、どうしてなんでしょうね。失言したら、それこそ政治生命にかかわるという恐怖心が働くからでしょうかね。

話を戻します。

日本人がスピーチ下手であることを確信させられた経験があります。

もう三十年以上前のことですが、アメリカのワシントンD.C.に住んでいたときの話です。スミソニアン博物館にデイケアセンターという保育園のようなところがありまして。スミソニアン博物館で働いている職員の幼い子供を日中に預かる施設です。労働ビザを持っていなかった私は、そこでボランティアスタッフとして務めておりました。まあ、幼い子供相手ぐらいなら英語も難しくないだろうし、なんとか務められるのではないかと思ったのです。が、そういう安易な考えは通用しませんでした。

子供というのは容赦がないのです。相手（私のこと）が語学力乏しい気の毒な外国人であるなどという配慮はいっさいせず、だからゆっくり話したり言い直したりしてくれません。面白いオモチャが来たとでも思ったのか、最初のうちはおおいにかまってくれるのですが、意思疎通ができないとわかるや、見向きもしなくなりました。「静かにしなさい！」なんて叱ったところで、ぜんぜん言うことを聞かない。だからこちらも必死になります。拙《つたな》い語彙《ごい》とひどい発音を駆使してずいぶん戦いました。

ある日、男の子と女の子が楽しそうに会話をしているので、私は問いかけました。もちろん英語で。その程度のやりとりはできたのです。

「何の話をしているの？」

すると、

「動物園の話。先週の日曜日に一緒に行ってきたの」

女の子が答えました。そこで私は、

「オー、グッド！　動物園で何を見たの？」

今度は男の子が、ゴリラを見てきたんだと答えました。私はすかさず、

「オー、ゴリラ！」

反復しました。すると女の子が男の子と顔を見合わせて、それから私に問いかけてきました。

「ゴーって、言ってみて？」

「ゴー？」私は口に出して言いました。続いて女の子が、

「じゃ、リラ」

「リラ？」

「それをつなげて言ってみて」

「ええと、ゴー、リラ？」

女の子は軽く首を傾げ、片手の人差し指を掲げて言いました。

「ザッツライト！　ゴーリラが正しい発音よ！」

思えばあの保育園での厳しい経験は大いなる語学鍛錬になったものでした。

会話の中に役に立つポイントがあるというのも、「話す力」の一つと言えるでしょうね。トホホ。


それはともかく、その保育園には日直制度があり、四、五歳の子供たちが順番に一日二人ずつ、日直を務めることになっていました。その日の担当となった二人の日直ちゃんが何をするかと言えば、まず朝、全員を集合させて、彼らの前でプレゼンテーションを行います。自分のウチから持参した大切な宝物をみんなの前でお披露目するのです。

その宝物はいつ、どうして手に入れたのか。

どこが気に入っているのか。

どんな宝物なのか。

そんなスピーチを自分で考えて、先生の助けも意見も借りずに一人でやり切るのです。

たとえば機関車のオモチャを持ってきた日直君は、

「このきかんしゃは去年のクリスマスにおじいちゃんに買ってもらった。スイッチを押すと、動くんだ。きかんしゃのうしろに小さな客車もついていて、乗客の人形もいるし、ドアだって開くんだ。すごいでしょ」

そして、その機関車を今日一日、保育園のみんなと共有する。とはいえ、扱い方については持ち主に決める権利が託されます。すなわち、

「これはすごく壊れやすいから、勝手に触らないで。でも、僕の前で触るのなら許します。僕がスイッチを入れて動くところを見せます」

そういうことも全部、本人が考えて、決めて、自分で発表するのです。

私は度肝《どぎも》を抜かれました。こんなに幼い頃から自分の言葉でスピーチ能力を磨いているのかと思ったら、これは日本がアメリカとどんな外交交渉をしたところで勝てる

わけがないと納得しました。

ちなみにこういう子供のプレゼンテーションはスミソニアンのデイケアセンターで特別に行われていたわけではなく、アメリカの保育園や小学校では普通のカリキュラムに組み込まれているらしく、「ショー・アンド・テル」と呼ばれ、アメリカ人なら誰もが経験していることなのだと、あとで知りました。


アメリカの教育と言えば、昔、神津カンナさんに聞いた話があります。彼女は若い頃、アメリカの大学に留学した経験があり、そのとき、「ディベート」という授業があったそうです。たとえばテーマを「リンゴ」と決めたら、まずクラスを二つに分けます。リンゴの好きなチームと、リンゴの嫌いなチーム。その二つのチームがリンゴについて討論を開始します。当然、リンゴの好きな学生がリンゴの良さを主張し、リンゴの嫌いな学生が、リンゴのどこが気に入らないかを主張するというディベートだと思いますよね。それが逆なのです。

リンゴを好きな人は、あえてリンゴのマイナスポイントを並べ上げ、リンゴがいかに魅力のないフルーツであるかを述べなければなりません。かたやリンゴを嫌いな人は、リンゴの良さを相手に納得させるべく説かなければならない。つまり、自らの感情を抑えて、相手と論議を交わすという訓練なのだそうです。

日本では、少なくとも私自身、経験したことのない教育方法です。でもアメリカ人はこういう鍛錬を経て、相手が自分と意見が違ったり、話がかみ合わなかったりしても、極力感情に走ることなく客観的に判断する能力を、若いうちから身につけていたというわけです。

いっぽう日本人は、自分が意見を言おうとするとき、相手がどんな気持になるかを真っ先に忖度《そんたく》する傾向があります。もし相手の気に入らない意見を言ってしまったら、そのあと関係が悪化するかもしれないことをひどく怖れる。あるいは、出しゃばって得々と思うままに話を進めたら、「アイツは空気を読まない奴だ」「なにを生意気な」とまわりから顰蹙《ひんしゅく》を買ってしまうかもしれない。率先して自分の意見を発するより、しばらくまわりの様子を窺《うかが》って、話がどんな方向に流れるかを見極めてから自分の思っていることを小出しにしたほうが安全だと考える。私自身もそういう手を使う場合があります。

昔に比べれば、個性を尊重してそれぞれの違いを認め合う時代になったように見受けられますが、相変わらず大人も若者も子供も、「なにか質問はありますか？」「意見はないですか？」と水を向けてもシーン。あっちからもこっちからもガンガン手が上がるという光景は、おそらくエネルギーに満ちた小学一年生の教室以外では、めったに見られません。

先日、ある報道系のドキュメンタリー映画を観ていて、改めて「そうか。日本人って、そうだな」と納得した一件がありました。映像の中で一人の若者が照れくさそうに取材者の「政治に関心はありますか？」という質問に答えていました。

「友だち同士で政治の話題にはなるべく触れないようにしています。政治の話がしたいなんて言い出したら、まわりから変な奴だと思われそうだし、もし意見が分かれたとき、気まずくなるから」

こうして当たり障りのない、誰もが一緒に楽しめるような話題を持ち出すことが、仲良くなるにはもっとも有効だと思ってしまうのではないでしょうか。

でも、それほど自主性に乏しい日本人だからこその会話の妙や楽しみ方はあるはずです。最初から自分の意見を強く押し出すのではなく、相手やまわりの気持を推し測りつつ、発言を試みる。それもまた悪くない文化だと思えば、話の切り出し方の小さな糸口が見えてくるような気がします。

ならばどんな方法があるのか。あくまでも私自身の経験や人からの伝聞によって心に留まったあれこれですが、本書ではちょっくらお喋り、いや、お話ししていきたいと存じます。

I　他人の話のなかにヒントがある

1　海外で思い知ったこと

無口な人は英語でも無口

若い頃、友だち数人で海外旅行をすることになりました。その中に、英語の成績が優秀な男の子が一人いて、これは心強いと思って出かけていきました。きっと旅先でコミュニケーションに困ったら、彼が助けてくれるだろうと思ったのです。ところが期待に反して、彼はちっとも助けてくれませんでした。

たとえば乗り換えの飛行機が遅れているらしいとわかったのですが、空港の館内アナウンスはよく聞き取れない上に、そもそも言葉が理解できない。

「カウンターで聞いてきてよ」

彼に頼んだところ、なかなか動こうとしてくれない。

ホテルにチェックインするときも、なんとなく後ろで控えていて、率先してホテルマンの説明を通訳してくれる気配がない。せっかちな私は苛立《いらだ》って、彼の代わりにひどい英語で質問したりしてみるのですが、質問はできたとしても、返ってきた言葉がほとんど理解できない。

「もう、なにをしろと言われているのかわかんないよー」

他の同行者と一緒になって騒いでいると、なんのことはない、彼はちゃんと相手の話を理解していたのです。だったら先に交渉に当たってよ！　英語、得意なんでしょ！

ブツブツ文句を言いながら旅を続けるうちに、気づいたことがありました。思えば彼は日本でもさほど饒舌なタイプではなかった。つまり、無口な人は海外に行っても無口であることがわかったのです。そもそも口数の少ない人が、どんなに語学力に長《た》けていようとも、海外に出た途端、急にお喋りな性格に変身するわけはないのです。

その旅行で学習しました。

もう一つ、海外で思い知ったことがあります。まえがきでも触れましたが、三十年ほど昔、私はアメリカのワシントンD.C.に一年間住んでいました。一年もいれば現地の言葉は自然に身につくだろうと期待したのですが、そんな甘いものではありませんでした。人間、どこへ行っても努力をしなければ上達は望めないのです。スミソニアンの保育園で厳しい子供たちに囲まれて少しだけ苦労した甲斐もあり、今より少しはましな英会話ができていたと思いますが、最後まで流暢と言われるほどうまくなることはありませんでした。

現に私はアメリカ滞在中、あちこちで「サワコは静かな性格だ」と大いなる誤解を受け続けました。他人の話がわからなければ、静かにしているしかありませんからね。

無口な人間は海外へ行っても無口であるが、お喋りな人間も海外へ行くと無口になる。これは私が見出した法則です。

2　自分が話したいことを見つける

問題は何を話したいか

とはいえ、本心としては、なんとか会話の仲間に加わりたいという気持はありました。

ホームパーティなどに招かれた折、みんながお喋りをしているそばに近づいて、じっと耳を傾けます。どこかのタイミングで会話に加われるのではないかとチャンスを窺っていたのです。すると、どうやら話題が京都に移った様子です。そうか、京都についてなら日本人である私の出番だな。どういう話をしよう。京都の歴史は古く、「先の戦争」という話題になると、太平洋戦争ではなく、一四六七年の応仁の乱のことを思い浮かべるのが京都人なのです。

よし、この話をしてみよう。そう思って心の中で英作文を完成させたとき、すでに彼らの話題は他へ移っていて、ときすでに遅し、でした。

でも考えてみると、私は別に京都について話したかったわけではありません。正直なところ、アメリカ人に教えてあげられるほど京都のことを深く知りませんでしたし、京都に関するオモシロエピソードをたくさん持っていたわけでもなかったのです。もし私にもっと積極的に「話したい」テーマやエピソードがあったら、どんなに下手な英語でもアメリカ人相手に熱を込めて話したくなったでしょう。あるいはどんなに拙い英語であったとしても、私の「話したいよお」熱に気圧《けお》されて、みんなが聞いてくれようとしたと思います。

つまりは何を話したいか。それが問題です。まず話したい話題を持っていなければ、話したい熱意がなければ、言葉を発するのは難しくなってきます。

いやいや、その「何を話したいか」が見つからないから苦労しているんじゃないか。きっと読者からはそう突っ込まれるでしょうね。

頭の抽斗の中から引っ張り出す

では、「話したいこと」はどこにある？　別に高尚な教養や知識がなければ会話する権利はないと、そんなことを言いたいのではありません。現に私は、幼い頃から、「なにも常識を知らん娘だ」とどれほど家族に呆れられて育ったことか。大人になってからも、たまたま週刊文春でインタビューの連載を始めましたが、あまりにもモノを知らず、読書量も極めて乏しく、時事のみならず経済、スポーツ、音楽、アイドルに至るまで全方位において、「なにそれ?」「だれそれ?」と言ってばかりいたので、当初は対談タイトルを、「阿川佐和子の一から教えて」にしようという案が編集部で上がったほどです。何も知らないから直前に勉強しなければならないことは増えるばかり。よく三十年もクビにならず、対談連載が続いたものだと、我ながら驚きます。

でも、人間それなりに生きていれば、私のようなインタビューの仕事をしていなくても、いろいろな人に会い、たくさんの経験をし、オモシロおかしい、あるいは悲しく苦しく、ときに頭にくるような事件に遭遇したり、人に伝えたくなるような話を耳にしたりしているはずです。それらたくさんのエピソードや思い出話は、普段は頭の抽斗《ひきだし》の奥のほうにしまい込んで、めったに表に出してくることはないでしょう。でも、何かのきっかけがあれば、「あ、そういえば」と思い出して引っ張り出してくることができるのです。

ラジオで大竹さんに呆れられる

大竹まことさんのラジオ番組でアシスタントを務めていたとき、生放送が始まる前、大竹さんによく問われました。

「今日は、こういうテーマで始めてみたいと思っているのだけど、そのテーマに関して、何か話したいこと、ある？」

私は即座に返答しました。

「ありません」

実際、思いつかない。ラジオを通してお話ししたいことなどあるはずもないと思いました。ところがいざ本番になり、大竹さんがそのテーマについて話を進めているうちに、思い出すのです。

「そういえば私もね、昔ね……」

そして結局、時間ぎりぎりまで話し続けたりします。

番組が終わってから大竹さんに呆れられました。

「君は、なんにも話すことがないって言っておきながら、いつもよく喋るよね。話すこと、たくさんあったじゃないか」

ホントにね。最初に問われたときは、まったくもって「ない」と思ったのですが、大竹さんの話を聞くうちに、浮かんでくるのです。あ、あの話があったなと。

何も話題が浮かばない。そう思ったら、とりあえず他人の話に耳を傾けてみてください。どこかでピンとひっかかるものがあるはずです。そのピンとひっかかった一つの言葉に反応し、頭の抽斗の鍵が開いて、奥底にしまっていたエピソードがもぞもぞと動き出すことがあるものです。

3　話すべきことは相手の話の中にある

質問は一つだけ用意する

まだ私がメディアの仕事を始めたばかりの頃、インタビューをする際は、質問を一つだけ用意しろと先輩に教えられました。駆け出しのインタビュアーにとって、そんな怖ろしいことはありません。質問を一つしか用意せずに臨んだら、その質問に対する答えが返ってきた時点で、対談はおしまいになってしまいそうです。

でも不思議なことにおしまいにはならないのですねえ。二つ目の質問を見つけ出そうと思ったら、質問者は何をするでしょう。そう、一つ目の相手の答えに夢中で耳を傾けるしか手はなくなります。耳を傾けているうちに、必ずやなにか疑問が湧いてくるはずです。

たとえば一つ目の質問をこんなふうにしてみたとします。

「社長に就任されて二年が経ちましたが、今、どんなお気持で仕事に向かっていらっしゃいますか？」

すると答えが返ってきます。

「いや、二年も経ったとは私自身、驚きです。そもそも私が社長になるなんて誰も思ってもいませんでしたから。一度は地方へ左遷されて、もう本社に戻ることはないと諦めていたほどの劣等社員だったんですよ」

そんな答えだったとしたら、とりあえず驚きませんか？

「え？　地方へ左遷されてたんですか？　それはおいくつぐらいのこと？　なぜ左遷されちゃったんですか？」

いくらでも疑問が湧いてきます。

ところが、もし前もって箇条書きにした質問を十も二十も用意しておいたとしたら
……、たとえば私は二つ目の質問として、「社長が就任直後に発表した大胆な会社改革について、改めてお聞かせ願えますか？」なんてことを書いていたかもしれません。

そして一つ目の私の質問に社長が答えてくださっている間ずっと、二つ目の質問をいつ切り出そうかと、そのタイミングばかりに気を取られていたでしょう。つまり相手の答えをろくに聞いていないのです。ゲストが大事なことを発言したことにも気づかずにね。

でも、一つしか質問を用意していなかったら、一生懸命に答えを聞き、そこで受け止めた言葉から会話を広げようとします。それ以外に方法がありません。

そんなふうに聞く側が語る側の気持に寄り添って話を展開していけば、語る側は自

然に話を続けることができて、ついでに思いもよらない面白いエピソードがふいに姿を現すことになるかもしれないのです。

話題を探すときも同様です。自らの内面だけに求めずとも、他人の話の中にいくらでも転がっているはずです。それを上手に拾っていけば、口も心も少しずつ開いていくと、私は信じております。

ついでに言えば、日本人が苦手とするスピーチも同様です。スピーチで喋ることが思いつかなかったら、自分より先にスピーチをする人の話をじっくり聞いて、その中から探してみてください。ヒントが落ちているものです。自分が最初にスピーチをしなければならない場合はどうするの？　そういうときはしかたがないから自分で考えましょう。あるいは、スピーチの時間が始まる前の、司会者の言葉や、集った人々の様子などをさりげなく観察しておくのです。なにかしらの参考になると思います。

4　会話とは〝しりとり話題合戦〟

長友啓典さんとのじゃれ合い

グラフィックデザイナーの長友啓典さんとはよくゴルフをご一緒しました。家が比較的近かったこともあり、私の運転する車でゴルフ場へ向かうときは、朝、長友さんのお宅まで迎えにいき、道中、いろいろなお話をしました。

長友さんとは伊集院静さんのご紹介で知り合いました。私より十四歳上で、しかもグラフィックデザイナー界の大御所です。さらに私には、昔、長友さんに本の装丁をしていただいたにもかかわらず、きちんとお礼をしていないという無礼な過去がありました。というか、すっかり忘れていたのです。初対面のご挨拶をした直後、長友さんはおっしゃいました。

「前にあなたの本の装丁をして、その原画を送った覚えがあるんやけど……」

ひえええええ。もしかして、お礼状も出さなかったのか、私？　それはそれは大変に失礼いたしました。そんな恐縮から始まった出会いだったので、これは要注意だとビビりながらラウンドを始めたのですが、長友さんは礼儀知らずの私を相手になんとおおらかに語りかけてくださることか。大阪弁でのんびりと、でも大阪人ならではの突っ込みを入れつつ、私のスコアがちょっといいと、「お、生意気な。よーし、負けへんでー」などと肘でつついてくる。こちらも「私だって負けませんよーだ」なんて調子で長友さんを肘でつつき返す。まるで猫のじゃれ合いのような関係が、その日のうちに出来上がってしまいました。

以来、私は長友さんを迎えに行って、ゴルフ場までのひとときを、どれほど楽しく過ごしたことでしょう。

ゴルフ場まで二時間近くの道のりでも、ずっと長友さんとのお喋りが尽きないので、「あれ、もう着いちゃったの?」とお互いに驚くほど。運転しているのは私なので、お喋りに夢中になるあまり、道を間違えてしまったこともあります。なんとか時間ぎりぎりでゴルフ場に着いてみれば、伊集院さんが待ち構えていらっしゃる。

「すみません、遅くなりました。お喋りしていたら道を間違えちゃって」

頭を下げると、

「あんたたち、いい歳してなにやっとるんだね。子供じゃあるまいし」

そう、まったく長友さんと私は子供同士のように仲良くじゃれ合っていたものです。

「……と言えば」は魔法の言葉

なぜそれほどまでにお喋りが楽しかったのかというと、どうも互いに〝じりとり話題合戦〟をしていたからだと思うのです。

たとえば長友さんが、

「昨日なあ。急に腕が上がらんようになってな。これ、ゴルフできんのやないかって心配になってマッサージに行ったら、五十肩って言われて。ええぇ？　って。もう七十過ぎてるのに、なに言われたんかと思って、びっくりしたわあ」

「あらまあ、で、肩はまだ痛いんですか？」

「いや、マッサージが効いて、今日はそんなでもない」

「五十肩と言えばね……」

ふと思い出したことがあったので、私は話し始めました。

「広島に伯母が一人暮らししてて。もう九十歳過ぎてるんですけどね。ときどき様子見るために仕事がてら訪ねるんですが、こないだ行ったら、『この頃、肩が痛くて痛くて。あんたが来るっていうから治しておかなきゃって思ってお医者さんに行ってきたのよ、昨日。そしたらね』って言いかけてクスッと笑うんです。どうしたのって聞いたら、『それがね、五十肩言われて』って。九十過ぎなのに五十肩って言われたことが嬉しかったみたい」

「ほほー、僕よりウワテがいたんかぁ」

長友さんはひとしきり笑ったあと、

「広島と言えばね。昔、広島の繁華街へ友だちと行こうってことになってね。歩いてたら、目の前で交通事故が起きてね……」

「交通事故と言えば、私、一度、運転していた車に追突されたことがあってね。救急車ってものに初めて乗ったんですよ」

「僕はね、フロリダで交通事故に遭って死にかけたことがある」

「ひえー。フロリダと言えばね……」

こんな具合に、いくらでも相手の話の中のひと言を拾って、自分の体験談や人から聞いた話などを次々に披露したくなる。長友さんの話に驚いて、笑って、今度は自分が喋って、というのを繰り返しているから、あっという間にゴルフ場に着いてしまうのです。

あれは本当に楽しい〝しりとり話題合戦〟でした。長友さんとそんなふうにお付き合いしたのはほんの六年間ぐらい。その後、長友さんが突然、体調を崩されて、まもなく亡くなられて、はや六年が経ちましたが、未だにあの頃のやりとりを思い出すと、プッと吹き出して、無性に寂しくなります。

5　沈黙を怖れない

沈黙は悪でもマナー違反でもない

でも、そんな〝しりとり話題合戦〟が誰とでも盛り上がるわけではありません。ときどき、さほど懇意ではない方と車で同乗することになると、さあ、車中でどんなやりとりをしようかと、かすかに緊張します。

私の場合は、やはりゴルフ場へ行くとき、そんな状況になることがよくあります。家がお近いようですから、なんならウチの車でご一緒にと誘われて、お迎えにきていただく。それが運転手さんつきの立派な車だったりします。

「どうも恐れ入ります。今日はよろしくお願いします」

恐縮しつつ、いざ後部座席に並んで座ってみたものの、しばし沈黙。なにか声をかけなければ。何の話題にしようかな。外の景色に目を向けながら、頭をグルグル大回転させる。ふと思いつき、

「今日のゴルフ、どうやら雨の心配はなさそうですね」

まずは天気の話題あたりから。

「そうですね。午前中、ぱらぱらっと来るみたいですが、午後は晴れそうですね」

そこでいったん休止。ううう。続かないぞ。しばらくの間ののち、

「ゴルフはいつも、どちらでされることが多いんですか？」

話題をゴルフにしてみよう。

「昔はよく千葉のほうに通っていたんですが。もう三年もやってないんですよ。だから今日はまったく自信がなくて」

「いやいや、久しぶりにやるほうが調子いいって、よく言いますよ」

根拠のない慰めの言葉を吐いてみたものの、お相手からは「そうですかねえ」と苦笑いしか返ってこない。

なにか他に面白い話はなかったかなあ。こういうときに限って何も思いつかないぞ。相手の話の中から話題を拾いなさいと、先刻、申し上げましたが、ここまで交わす言葉が少ないと、拾いようがない。と、そんな気まずい空気になることは誰にでもあるものです。

でも最近、思うのです。そういうときは無理をしなくていいんじゃないか。そう自分に言い聞かせます。沈黙は、決して悪でもマナー違反でもありません。

6　相手の話のリズムを察する

人には話すリズムがある

人にはそれぞれのリズムというものがあります。私のような喋り好きの人間にとっては長い沈黙に感じる時間でも、相手にしてみれば、心地よい「間」となっていることがあるのです。相手が自分に対して敵意を抱いているというならいざ知らず、とりあえず友好的な関係であると双方了解している以上、ときの流れに身を任せ、特段に話すことが思いつかない場合は、しばらく外の景色でも楽しんでいればいいのです。

こんなことを言うと、「話す力」の本と称して身も蓋《ふた》もないように思われるかもしれませんけれど、黙っていても問題のないときがあります。

相手も、「どんな話をしようかなあ」と探っている最中かもしれません。話題を探るのに時間がかかる人もいます。あるいは少し黙っていたいという気分かもしれません。眠くて眠くてしかたがない場合もあるでしょう。必ずしも私と長友さんのようにポンポン言葉が途切れることなくスピーディに行ったり来たりしなければいけない、なんてことはないのです。自分のリズムを押しつけるより、相手のリズムを察するというのも、会話のうちと考えてみてください。積極的に社交しなければいけないという義務感を放棄してもいいときがあるはずです。そのうちに、

「あ、富士山だ！」

窓から外を見て、どちらからともなく、自然に言葉が出てくることがあります。

「ホントだ。きれいですねえ」

富士山の美しさに共感したことをきっかけにして、自然に話が広がるかもしれません。

「富士山って、登ったこと、ありますか？」

なんとなく思いついた質問をしてみたら、意外にも、

「はい。実は十回、登ったことがあるんです」

「そんなにぃ!?」

そこからは、しめたもの。いくらでも質問が浮かんできます。

十回も？　どうして登るようになったんですか？　頂上まで行ったらどんな感じで

すか？　一人で？　富士山って簡単に登れると思ったらいけないんですよね。どれぐらいの装備で行くものなんですか？

登ったことのない私はどんどん疑問が湧いてきます。

そんなタイミングも見つからず、こちらも話題を探すのに疲れたら、奥の手があります。

「どうぞ私にお気遣いなく。お休みになってください。私もちょっと寝ますね」ってね。車で移動中、あるいは列車で隣り合わせになったときなど、話題に困ったら、このひと言をオススメします。

7　相手の話に共感し反応する

「ふんふん」「ウッソー」でいい

考えてみると、「話す力」と「聞く力」って、どこがどう違うのでしょうね。

互いの会話を広げるためには、相手に質問しなければならない。質問を考えなければならない。となると、それは「聞く力」ですよね。一方、相手と話をするとき、必ずしも質問のかたちを取っていなくてもいいのが、「話す力」ということになるでしょうか。質問をしないということは、自分の話を披露する必要が出てきます。でも、自分には別に話したい話題がない。とりあえず今のところは。そういうときはどうするか。

共感する。

つまり、相手の話に興味を持ち、相手の言葉に驚いたり笑ったりノッてみたり、ときにはちょこっと反論したり突っこんでみたりと、その都度、自在に反応してみる。反応することこそ、次の言葉に繋《つな》がるきっかけとなるでしょう。

それは、きちんとした言葉になっていなくてもいいのです。「ふんふん」とか「ウッソー」とか「そんなことあったんですか？」とか「なるほどねえ」とか。ほとんど相づちのようなひと言でいいのです。オウム返しでもかまわない。

「合コンさしすせそ」

私は「お見合い世代」だったので、合コンというものを経験したことがないのですが、若い女性に合コン事情を聞いて、ためになったことがあります。

それは、「合コンさしすせそ」というものです。

合コン相手と、どうやって会話をすればいいか、困ったときに役立つそうです。すなわち、

さ……さすが！
し……知らなかった！
す……すごーい！
せ……センスいい！
そ……そうなんだ！

相づちとして、これだけ心得て使い分けていれば、とりあえず相手は気持良く話をし続けてくれるという。たしかにそこまで持ち上げられたら、話す側は張り切りたくなるでしょうね。

同世代ではなく、歳上のオジサマが相手になったときは、「さすが！」を「さすがですね！」にして、「知らなかった！」を「知らなかったですぅ」という具合に丁寧語にすればいい。ちなみに、この「合コンさしすせそ」を教えてくれた妙齢の女性いわく、

「歳上の方に『センスいいですね！』っていうのは、さすがに言いにくくて使ったことはありません」

とのことでした。

でも、歳を重ねた立場から言わせていただけるならば、歳を重ねるほどに他人に褒めてもらえる機会は少なくなるのです。だから心の底ではいつも誰かに褒められたいと思っているはず。もちろん歳下が年齢の高い人を「褒める」というのは難しい。勇気がいるものです。それでもたまに、相手の様子を見ながら、褒めたくなったら褒めてみてください。「なにを生意気な！」なんて返してくる人のほうがだんぜん少ないと思います。照れ隠しに、「年寄りをからかうもんじゃない！」と渋い声で反応される場合もあるでしょうが、案外、「そう？　俺ってセンスいい？」と喜んでくださる

と思いますよ。

「あいうえおオジサン」

「合コンさしすせそ」で思い出しましたが、「あいうえおオジサン」という話を聞いたことがあります。何を言っても「あいうえお」でしか反応しない上司のことを呼ぶそうです。

たとえば、

「部長、そろそろ会議の時間です」

「ああ」

「今日は会議に温かい玄米茶をご用意しました」

「いいね」

「念のため、提出資料を事前にお目通しいただけますか？」

「ううう」

「ちなみに本日の会議には社長も出席なさるそうです」

「ええええ？」

「急に秘書室から連絡が入ったので。申し訳ありません」

「おお」

ってな具合。最小限の言葉でしか返してこないようです。それがオジサン独特の相づちと思えば、それはそれで面白い。まったく返答も相づちもない上司よりは、はるかに好感が持てますしね。

8　「同意」と「共感」はアガる

「おっしゃる通り」でご機嫌に

昔々、父（作家の阿川弘之）とイタリアを旅行したときに、現地駐在の方が迎えてくださいました。空港のお迎えからホテルのチェックインに至るまで、それは見事にアテンドして、さあ、街に出て晩ご飯を食べようという段になったら、ご自身の運転する車で私たち親子を乗せておいしいレストランへご案内くださいました。その道すがら、父はかつて訪れたことのあるその街の思い出話などを語りつつ、

「ここの路地を入ったところに、うまいスパゲッティを食わす店があったんだけど、なんて名前のレストランだったかなあ」

独り言のように言い出しました。すると、

「ありました、ありました。おっしゃる通り、スパゲッティのうまい店でした。まだあると思います。名前は……ええと、あとで調べておきます」

間髪を容れず、父の話に同調なさる。またしばらく行って、

「ほほお、ここらへんは雰囲気が少し変わりましたかねえ」

父がそう言うと、

「おっしゃる通りです。だいぶ変わりました」

案内役のその方は、たくみに父の気持を汲み取って、共感してくださいます。おかげで父は大満足。上機嫌でその街を後にすることができました。

娘の私は反省し、その後、「おっしゃる通り」君を真似することにしました。なに

しろ、父が何かを言い出すと、私が「えー？」とか「そっちですか？」とか「今すぐ？」とか、いちいち反論したり怪訝《けげん》な顔をしたりするものだから、父はだんだんイライラしつつあったところです。そうか、とりあえず全部、肯定する。それも謙虚に明るく！　旅先で父に勘当されても困りますからね。

心の中とは裏腹なことも多々ありましたが、私は実行してみました。

「おい、今夜は中華を食いに行くか？」

するとすかさず、

「おっしゃる通り。中華料理がいいですね」

父が、

「今日は天気が悪いなあ」

「おっしゃる通り」

「〇〇さんへの土産はどうするかなあ。絵葉書ってわけにもいかんしなあ」

「おっしゃる通り、おっしゃる通りです」

なにを言われても「おっしゃる通り」で通していたら、そのうち父は、

「お前、俺を茶化しているのか。いい加減にしろ」

不機嫌になってしまいました。おっしゃる通りにしていたのに……。

父娘の関係だと近すぎてうまくいかなかったのかもしれませんが、他人同士の場合、「同意」や「共感」をしてもらうとグッと会話のモチベーションが上がりますよね。

『TVタックル』でのバトンの奪い方

私がMCを務めているテレビ番組『ビートたけしのTVタックル』では、出演者は基本的に喋りたい人だらけなので、むしろ「いっぺんに喋らないでください！」と注意喚起しなければならないことのほうが多くなります。でも司会の私ひとりの力ではどうにも収まらないこともあり、ゲストの方々はそれぞれに知恵を絞って自分の発言時間を作ろうとなさいます。その中に、なかなか自分の番が回ってこないとわかると、今、喋っている人に向け、

「○○さん、おっしゃる通り。本当にそのご意見、ごもっとも！」

大きな声で賛同する方がいたのです。するとそれまで発言権を独占していた人が、

まあ、当時はだいたい自民党の浜田幸一さんでしたが、ふっと力を抜く。言葉を止めて、ん？　俺に賛成してくれているのか？　と気をよくする。その一瞬のタイミングを逃すことなく、続いてこう切り出すのです。

「まことにおっしゃる通りなんです。ただ、僕はちょっとだけ違う意見を持っていまして……」

そこから一気に発言のバトンを奪ってしまいます。なんと上手な奪い方でしょう。あのときは感動しました。ハマコウさんは、まるで鳩が豆鉄砲を食らったかのような顔をしていらっしゃいましたけれど。

9　助け船を出すことを心がける

ハマコウさんを遮るには

そうは言っても、自分の話を突然、中断させられたら、誰だって愉快な気持はしないでしょう。これも『TVタックル』の番組内でのことですが、ハマコウさんがあまりにも一人で喋り続けていらっしゃると、他のゲストが口を挟めなくなってしまう。そういうとき、スタジオにいるディレクターから司会進行役の私にサインが飛んできます。

「他のゲストに発言を振って！」

そう言われても、気持よく語り続けているハマコウさんを止めるのは難しい。でもディレクターの指示を無視するわけにもいかない。困った末、私はハマコウさんの顔をじっと見つめました。すると、いくら一気呵成《かせい》に話し続けていても、ときどき息継ぎをなさることに気づいたのです。ハマコウさんが大きく息を吸い込みます。今だ！

私は勇気をふるってそのタイミングに、

「三宅（久之）さんは、どう思われますか？」

強引に割り込みました。すると政治評論家の三宅さんが、

「そうですねえ。僕としてはねえ」

うまくハマコウさんから三宅さんにバトンを移すことができました。

気をよくした私は、その後、この手を何度も使いました。ハマコウさんが一人で喋り続けているなと思ったら、息継ぎのタイミングを見計らい、

「三宅さんは、どう思われますか？」

いくら強気のハマコウさんも、同年代の三宅さんに「黙ってろ！」と怒声を飛ばすことはできません。渋々の顔で引き下がってくださいます。

あるとき、いつものように「三宅さんは……」と口を挟んだら、ハマコウさんが私の顔を睨《にら》みつけ、おっしゃったのです。

「あんたは、私がこれからいちばん大事な話をしようというタイミングにかぎって、いつも『三宅さんは？』『三宅さんは？』と口を挟むのはどういうことだ!?　三宅とデキてるのか!?」

そう叱られたので、私は静かにひと言、お返ししました。

「いえ、デキていません」

ハマコウさんのお怒りはごもっとも。でも番組進行役の私としては、お話をさえぎらないと、他のゲストの皆さんが黙ったままで番組が終わってしまうので、しかたが

なかったのです。

話の再開を促してあげる

テレビ番組の討論の場だけではありません。せっかく自分が話しているのに、何かの都合で、話をさえぎられるという場面はよくあります。

たとえば、パーティ会場で、誰かと話をしている最中に、

「ああ、○○さん、お久しぶり！」

新たな人物が登場し、それまで私の話に耳を傾けていた人の関心がそちらへ移ってしまい、話の続きをどう始末したものかと戸惑うことがあるでしょう。

あるいはレストランにて、お喋りをしていたら、

「お話し中に失礼いたします」

運ばれた料理の説明が始まって、ひとしきりの説明が終わると皆がナイフとフォークを持ち、食べることに集中し始める。さて、さっきの話の続きをしたものか、しないほうがいいか。

迷うところです。料理の説明が終わった途端に、

「でね」

話を再開することが、できないわけではない。でもそこまで強引に話題を戻す必要があるほどの内容でないと思うこともあります。とはいえ、ハマコウさんじゃないけれど、これからこの話の面白みが出てくるところだったのにと、消化不良の気持ちになってしまう。

モヤモヤした気持を抱えつつ、判断はそのときどきの状況に合わせます。もはやその場の雰囲気が、私の話を求めていなさそうだと思えば、諦めます。でも、中断されたせいで拗《す》ねてしまったのではないかと周囲に勘ぐられるのも癪《しゃく》ですよね。

ずうずうしく再開するか。拗ねた気分を押し隠し、潔く引き下がるか。

そんなとき、

「それで？」

さりげなく話の再開を促してくれる人が一人でもいると、私はその人に抱きつきたい衝動にかられます。なんて優しい人なんだ。私のくだらないお喋りの続きを聞きた

いと思ってくださるなんて。まるで天使だ！　女神だ！　マリア様だ！　男性なら、仏様かダライ・ラマ様だ！

だからね、私も逆の立場になったときは、話を中断させられた人がいると気づいたら、助け船を出すように心がけております。

「で、さっきの話の続きは？」

たったひと言で、そのあとの会話がどれほど愛と平和に満ち溢《あふ》れたものになるか、想像してみてください。

（声かけヒント1）

レストランへ行くと、必ずと言っていいほど聞かれる質問があります。

「お苦手な食材はありますか？」

聞かれるたびに、「いいえ、別に」とか「まったくありません」とか答えていたのですが、あるときから、そんなやりとりに飽きてきて、こう答えるようにしています。

「らくだのつま先と、ゾウの鼻は、苦手です」

そう言うと、質問者はたいがいプッと吹き出します。

「では問題ないですね。ウチはらくだのつま先と、ゾウの鼻はご提供しませんので」

冗談で言ったのではありません。本当に両方とも食べたことがあり、「これは無理！」と思ったからです。

基本的に好き嫌いはないのですが、仕事で内モンゴルを旅したとき、当地の珍味として「らくだのつま先」が供されました。見た目はまあ、豚足のような感じでしょうか。半透明のプルンプルンしたコラーゲンの塊で、なるほど酒の肴に最適だなと思い、一切れ、口に入れて驚きました。

なんという野性味！　というか、臭いぞ！

おそらく食べ慣れれば、おいしいと感じるようになるのかもしれません。外国人が初めて「納豆」を食べたときの衝撃はこんな感じでしょうね。さすがに初体験だった私には強烈過ぎました。以来、食べたことはありませんが。

ゾウの鼻に関しては、日本の行きつけの中華料理屋さんで、オーナーシェフに勧められたのです。

「これ、珍しいものだから、食べてみて」

「なんですか？」

「ゾウの鼻」

見たところ、ビーフジャーキーのような乾燥肉に見えます。へえ、ゾウの鼻ねえと首を傾げつつ、何でも試してみたい私としては拒絶する選択肢はありませんでした。が、これもまた、今や思い出すこともできないほど不気味な味わいでありました。

もう四十年ぐらい昔のことです。その店は閉じられ、ゾウの鼻を勧めてくれたシェフも亡くなってしまいました。思い返すにアレは本当にゾウの鼻だったのか。単に私をからかって、不気味な味のビーフジャーキーを食べさせようと思っただけなのか。もはや確かめる術もありませんが、「苦手な味！」と思ったことは事実です。

というわけで、私の「苦手な食材」はその二つ。そう答えれば、たいてい相手を驚かせ、呆れさせ、笑わせることができます。マニュアル的会話を崩すにはけっこう便利です。

（声かけヒント2）

これも『TVタックル』でのできごと。政治評論家の三宅久之さんは、番組収録中、他のゲストと討論をするときは、ときに凛々しく、ときに激しく憤慨し、自らの信念のぶれることがない、常に毅然《きぜん》たる態度をお取りになる方でした。しかしカメラが回る前、レギュラー陣とスタジオで顔合わせをする際は、いつなんどきもニコニコとしていらっしゃる。そばへ行って、「おはようございます。本日もよろしくお願いいたします」と申し上げると、三宅さん、「お、これはこれは、アガワさん。今日はまたいちだんと！」

これは三宅さんの決まり文句でした。私に対してだけでなく、どなたと挨拶をなさるときも同じです。

「いやあ、今日はまたいちだんと！」

いちだんと、に続く言葉はありません。いったいその日の私が三宅さんの目に「いちだんと」どう映ったのかは不明です。でも、言われた側は不思議なことに、「いちだんと老けた」とか「いちだんと趣味が悪い」とか、そんなマイナスの解釈はしないのです。よくわからないけれど、どうも褒められたような気がしてしまいます。そして三宅さんにそう声をかけられた人は男女を問わず誰もが、いい気分で収録に臨むことができるのです。

そんな三宅さんも亡くなられました。あの「いちだんと！」とおっしゃるときの笑顔は、確実に周囲の人をしあわせな気持にしてくださいました。三宅マジックは効果抜群だったと、今でも懐かしく、心に残っております。

Ⅱ　話し相手との距離感

10　相手との距離感をつかむ

天晴れだった橋本龍太郎夫人

インタビューをしたあと、反省することがあります。ちょっと相手に対して前のめりになりすぎたな。あるいは、緊張して遠慮しすぎたかな。

要するに自分は相手とのほどよい距離感を保つことができなかったという心残りが生じるのです。

会話をする相手との距離感をつかむのは、きわめて難しい。

もちろん、初対面の人が相手でも、会話を始めた早々に、「これくらいいかな？」と上手に距離感をつかめることもあります。ときどきトークショーなどの場で、終わったあと第三者の方から、

「アガワさん、今日、トークをした人とは初対面なのですよね？　まるで昔からお知

り合いだったかのように話されていましたね」

と、驚かれることがあります。

そうかな。そんなに馴染んでいたかしら。

自分としてはほとんど自覚がないのですが、思い返してみると、けっこう図々しい話し方をしていたような気もします。でもそれは、だいたいお相手の発信する言葉や内容や、あるいは態度やくつろぎ方を見ているうちに、自然に距離が近づいていったのだと思われます。ああ、この人なら少し打ち解けた言葉遣いをしても大丈夫かな？　失礼にならないかも、と直感するのです。たとえば、橋本龍太郎元総理夫人にお会いしたときのこと。

当時、橋本龍太郎氏は、まだ総理ではなく、ちょうど自民党総裁になられた直後のことでした。まずはお祝いのひと言をと思い、

「おめでとうございます。いよいよ総裁夫人ですね」

そう申し上げると、橋本久美子夫人ったら、

「ありがとうございます。でも私、総裁夫人とか大臣夫人なんて立場、とても合わな

いんですよ。だから、奥さんが二人いればいいのにって思ったりするの。総裁夫人として公式の場に出ていく用と、地元で選挙やる用と」

なんという大胆なご返答。驚いて、

「つまり第二夫人がいたほうがいいと？　それは問題発言ですぞ」

そう返すと、

「問題発言だけど、私は地元（岡山）にいるほうが好き」

明るくきっぱりおっしゃったのです。

しかしその頃、奇しくも橋本氏の女性スキャンダルが週刊誌に載って話題になっておりました。インタビュアーの私はその件について、聞かねばならぬ使命を負っていたのです。でも、もしその噂が本当だとしたら、夫人が最大の被害者です。その被害者に向けて、「ご主人の浮気問題については？」なんて聞けるわけがない。わけがないけれど、聞かねばならぬ。聞くべきか、聞かぬべきか。ハムレットの心境。私はしばらく橋本夫人と楽しく和やかに話を続けたのち、タイミングを見計らって、「あのー」と勇気を振り絞って切り出そうとした、そのとき、察しのいい夫人は、すかさず

小指を立てて、

「これのこと？」

　お茶目に笑うと、

「だっていちいち気にしていたらどうなるの？　私も（主人のことを）別にカッコ悪いとは思ってなかったから、モテるのもわかるし……」

と。さらに、

「『お宅のご主人イカさないわね』って言われるより、いいじゃないですか」

　そのお言葉が本心であるか、あるいはメディア用に毅然と対応しようと思って発言なさったか。真意のほどはわかりかねますが、少なくとも見るからに明るく、あっけらかんとおっしゃってくださったので、その瞬間、私はすっかり橋本夫人のファンになってしまいました。

　その後、さらに親しくお付き合いさせていただくようになり、今でもときどきお会いする機会がありますが、そのざっくばらんぶりはまったくもって変わることがありません。

そんな橋本夫人の気さくなお人柄のおかげもあって、初対面にもかかわらず「聞きにくい質問」をなんとかクリアできたわけですが、もし私が「初めまして」と挨拶をしてすぐに、

「まずは、あの女性スキャンダルについて、見解をお聞かせください！」

そんな質問をしたら、橋本夫人もきっと「なんだ、こいつは。イヤな感じ」と警戒なさったことでしょう。そこはさすがに私も、しばらく会話を重ねた末に、「こんな率直で気取らない方なら、聞けるかも」と判断して、踏み込んだのです。

その後、週刊文春に掲載された橋本夫人との対談記事では、編集の都合により、あたかもお会いしてまもなく失礼な質問をしたかのように構成されておりましたが、実際は、対談時間のほぼ終わり近くに持ち出した問答です。

なんてね。別に自分の手柄を誇りたいわけではなく、つまりはしばらく様子を観察した上で、相手との適切な距離感を測ることは大事だと言いたいまでです。この方となら、これくらいの距離まで近づいても大丈夫だぞと思ったら、話せることが一気に広がる場合があるのです。

逆に、自分は相手のことが大好きだし、だからこそ嫌われるはずはないと思い込んで、あるいは大好きだからこそ近づきたいと思う気持が強すぎて、最初から「ずっとファンでした！　あなたの映画もドラマもぜんぶ観てます！　本も買いました」などと、思い切り前のめりになっていくと、相手はたいていの場合、引きます。それは対談やインタビューに限ったことではありません。友だちになりたいと思って、自分の熱い思いを伝えようとグイグイ迫れば迫るほど、警戒される結果になるでしょう。

また一方で、大好きだけど、きっと親しげに語りかけたら嫌われるだろうと怖れて、目も合わさず、下を向き、口も利かず、そっぽを向いているような態度を取り続けるのも問題です。相手は、この人は自分に関心がないんだなと判断し、それなりの会話しかしてくれなくなるでしょう。

そういう意味でも、その都度、様子を窺って、心地よい距離感を臨機応変に見つけることができたら、会話は自然に打ち解けていくと思います。

11　モテる男は、聞き上手

東海林さだおさんの名言

「人の話は九十パーセントが自慢と愚痴である」

そうおっしゃったのは東海林さだおさんです。そのとき私は東海林さんと一緒に食事をしながらお喋りをしていました。楽しい会話をしたいと思い、何の話をしたか定かな記憶はありませんけれど、たとえばさきほどの橋本久美子さんの話のような、「聞きにくい質問をして、こんなお応えをいただいて、本当に嬉しかった」といった主旨のエピソードを披露したのです。私の気持としては、ゲストがどれほどステキな人であるかを東海林さんに伝えたいと思ったまでのことなのですが、その話をし終わったとき、東海林さんがボソッと呟《つぶや》きました。

「それって、自慢？」

イラッとなさったわけではありません……たぶん。ニヤリと笑いながら、私を茶化されたのだと思います。そして、くだんの「人の話は九十パーセント（八十パーセントだったかもしれない）が自慢と愚痴である」という名言を吐かれたのです。

なるほどねえ。納得して以来、気をつけて人の話を聞いていると、たしかにそういう傾向はありますね。本人は決して自慢するつもりのない話も、聞きようによってはさりげない自慢話のように解釈されることは、けっこう多いのです。

石田純一さんがモテる秘訣

石田純一さんにお会いしたときのこと。当時、石田さんは天下のモテオトコで名を馳せていらっしゃいました。今がそうではないという意味ではないですよ。でもその人気には当時、すさまじいものがあり、殿方でさえ、石田さんの真似をして冬でも靴下をはかず、素足で靴をはくのが流行ったほどでした。

私は石田さんに質問をしました。

「どうすれば、モテる男になれるのか、世の殿方に指南するとしたらなにかヒントはありますか？」

すると石田さんはしばし考えてから、お答えくださいました。

「うーん。自分の話はしないで、まず女の子の話を聞くことかな」

こりゃまた名言！　私は唸りました。

とかく若い女の子の気を引きたいと望む男性諸氏は、なるべく早く自分のことを知ってもらいたいと思って、仕事の話や、自分が今までどんな実績を積んできたか、今、どんな案件で戦っているか、など、必死で女の子に語りかけるそうです。でも女の子はそんな話にまったく興味がない。なぜなら、それらの話はほとんどが自慢話だからです。

「そうなんっすかあ」「そうだったんだあ」

「さしすせそ」の中でもかなり「無関心」風の口調で反応するばかり。それでも男性は気づかない。なんとか女の子に自分を理解してもらいたいと焦り、なおさら熱を込めて自らをアピールし続ける。そして、女の子は高級なご飯をご馳走になったあと、心の内は不機嫌なまま、外見としては満面のお愛想笑いを浮かべ、

「ごちそうさまでしたあ」

そして二度と会ってくれないのだそうです。だってつまんないんだもん、オジサンの話、というわけです。

ならばオジサンはどうすればいいのでしょう。

自分の話はさておいて、女の子に質問を投げかけることが大事だと石田さんはおっしゃいます。

「今、どんなことに関心があるの？」

「どんな仕事をしたいの？」

「自分のファッションやメイクは何を参考にしてるの？」

「音楽はなにが好き？」

なんでもいいから、女の子が喋りやすい話題をさぐり、女の子が語る時間を多く作る。ここで注意しなければいけないのは、決して尋問のように畳みかけないこと。あくまで優しく。興味を持って。さりげなく。そうするうちに、

「私、実は洋服のスタイリストになりたいんです。でも、どうすればなれるのかわかんなくて」

そんな言葉が女の子の口から出てきたら、チャンスです。

「そうかそうか。実は僕の学生時代の友だちに、スタイリストになったのが一人いてね。彼女は今、女優の○○のスタイリストやってるんだ」

「マジっすか？」

たちまち女の子の目が輝いて、オジサンの言葉に興味を持ち始める。女の子の質問は止まりません。その人、どうやってスタイリストになったんですか、どこかファッション事務所を訪ねたほうがいいんでしょうか、やっぱフランスとかに留学したらセンス磨けますかね、などと、会話が盛り上がってきたら、そこからはオジサンも、自分について語り始めて大丈夫。そしてまた会う約束をしてくれる。という好循環が生まれるそうです。

なるほどね。モテる男は、聞き上手でもあるということか。自慢話はしないんだ。そう合点したことがありました。

もっとも、いかにも聞き上手で、相手を持ち上げるのが巧みな人は、得てして下心がある場合もありますのでね。若い女性は要注意ですよ。詐欺かもしれないし。若い女の子だけでなく、私のような高齢者もね。騙されていつのまにか通帳を渡しちゃったりすることがありますから。気をつけましょうね。

距離感での失敗

さて、お話ししていたのは「距離感」の問題でした。距離感は会話のみならず、人間関係を円滑にする上でも大切なことです。

「距離感」とひと言で言っても、そう簡単につかめるわけではない。音楽家が「絶対音感」を身につけているように、誰かと会った途端、「あ、この人との距離感は一メートルが最適」なんて直感でつかめる人がいたらすごいと思いますが、たぶん世界中を探してもめったにお目にかかることはないでしょう。

誰しも、しばらく話をしてみなければ、相手とどれぐらいの距離感を保てばいいかわからないものです。

かくいう私とて、初対面の人を含めて今まで三十年以上、インタビューの仕事を続けておりますが、一時間半から二時間ほどをかけたのち、「ああ、面白い人だったなあ」「親しみやすいゲストだった」と実感することは多々あれど、そのお相手との距離感がはたして正しかったかどうか自信を持てたことはありません。「なんだか話しやすい」と思って調子に乗って一気に距離を縮めてみたら、たちまち会話がギクシャクし始めたことは何度もあります。一回目にお会いして、ものすごく意気投合した記憶があったので、二度目は仲良し気分でお話しできるだろうと期待しすぎて失敗したこともあります。

ある対談でお会いして、女同士ということもあり、話が盛り上がったついでに共通の友人がいることまで判明し、「今度是非、彼女も誘って三人でご飯食べましょうよ！」ということになり、後日、お店に行きました。おいしいご飯とお酒をいただきながら、共通の友人と会うのも久しぶりだったので、私は例によって嬉しさのあまり、酔いもほどよく回った勢いで、またもや喋りまくり、騒ぎまくり、会は大いに盛り上がり……と思っていたのですが、途中から、どうも対談相手の女性の様子が変化したことに気づいたのです。

あれ？　なんか少し無口になっているぞ、さほどご機嫌な感じじゃないみたい？　と、そんな空気の流れるまま、会はお開きになり、お別れしました。帰り道で気づいたのです。私、また喋り過ぎた……と。

たぶん……、たぶんですが、対談相手の女性は、こう思ったはずです。すなわち、対談をしていたときは、あんなに私の話によく耳を傾けて、穏やかに（だったかどうかは怪しいが）質問を投げかけてくれたアガワさんだったのに、二度目に会ったら、まあなんと自分本位に喋りまくって騒いでいること。まさかこんな人とは思わなかった。ちょっと気圧されて、引くわあ。と、私に対する印象がガラリと変わったショックで気分が盛り上がらなかったのではないかと想像します。

そう、一度会って、親しくなったと思い込み、二度目に会ったとき急激に距離を縮めると、こういう痛い目に遭うことがあります。少なくとも私には、ありました。

反省の気持を込めて申し上げるに、心の中でどれほど距離を縮めたいと願っても、その熱を少しだけ抑え、最低限、言葉遣いだけは丁寧にしようと心がける、という方法があります。どんなに親しげに近づいてきても、自分に対する言葉が丁寧であれば、少し安心できます。まして、その丁寧な語り口で近づいてくる相手が自分より立場や年齢が上の人だったりした場合は、安心する以上に恐縮するでしょう。なんと自分を大切に扱ってくださるのかと、自らの心も引き締まるはずです。

タメ口で場が和む

反対に、それまでカチカチの丁寧語で話していた人が、急にひと言、いわゆるタメ口のような言葉を発すると、たちまちその場が和むこともあります。

ときどき『TVタックル』にご出演いただいている経済評論家の門倉貴史さんは、見た目としては、たいそう真面目で、でもちょっと気弱そうで、可愛らしい……という第一印象がありました。発言なさるときも、あまり人を鋭く見つめることはせず、やや伏し目がちに小さめの声でご自分の意見を恐る恐る挟む感じでした。テレビ出演に緊張していらっしゃるのかもしれないと思い、

「門倉さんは、いかがですか？」

進行役の私が意見を求めると、

「あ、それはですね。そもそも問題の本質が……」といった口調で淡々とお応えになる。真面目極まりないご意見を聞いて、さらに私がひと言、

「つまり、世界全体の経済が、かなり危機的な状況にあるという意味ですか？」

そんな感じの質問を、たとえばですけれどね、挟んだら、門倉さんが、

「そうなんだよね」

いきなりタメ口になったのです。いったい丁寧語はどこへいっちゃった？　驚いたのは私だけでなく、門倉さんの発言を聞いていた他のコメンテーターも、「どうした、門倉!?」と思わず突っ込みを入れたぐらいです。

「え？」

門倉さんは、自分でも何が起こったのかにわかに把握できないといった表情で、恥ずかしそうに笑っていらっしゃいましたが、たぶんご本人も、勢い余ってつい出てしまったのでしょうね。その瞬間、番組内での門倉さんへの距離が一気に縮んだのが見

て取れました。こういう距離感の縮ませ方もあるものです。でもこれは意図的でないところが、いいのですね。

12　距離と時間をおくことも必要

しばらく音信不通にしてみる

距離を縮めようとすることも大事ですが、ときには敢えて距離を離す必要が生じる場合もあるでしょう。

たとえば、最近、関係がギクシャクしてきたなと感じたり、あるいは相手にきちんとモノ申さねばならない場面に出くわしたりしたとき、そのあと、しばし距離と時間をおこうと思うことがあります。

もちろん意見が合わなかったり、相手を叱りつけたり、あるいは叱られたりしたときは、どうしても言葉がきつくなってしまうものです。アメリカ人のように、そもそも人間は互いに意見も生き方も育ち方も違うのだから、違うことを前提に、たとえ共感できなかったとしても平然としていられる人は別です。概して日本人は、相手と意見が合わないと、つい感情的になってしまいます。

まあ、『TVタックル』の現場では、意見の違う人が激しく言い合うほうが番組としては盛り上がってありがたいのですが、普段、友だちや家族や仕事相手とそういうギクシャクした関係にはできるだけなりたくないですよね。そして、どうやってそのギクシャクした関係や、モヤモヤした気持を修復するか。そんなとき、私はできるだけ距離と時間をおくことにしています。

これ以上、言い合いを続けていたら、まずいことになりそうだと思ったら、スウッとその場を去ってみたり、連絡を取る頻度を少なくしてみたりします。

しばらく音信不通にしてから久々に再会してみると、ギクシャクしていた原因がなんだったかも思い出せないほど、「なんだ、いい人じゃん」と、相手の魅力的な部分だけが復活することもあります。そのためにも、しばし距離と時間をおくということは大事なのではないでしょうか。

これも距離感の調整の一つだと思われます。

子供を叱るのも距離感の調整

よく親が子供を叱るとき、いつの間にか丁寧語になることがありますよね。あれも一つの距離感調整だと思います。

「だめだめ、触っちゃだめよ。だめだってば、もおおおお」

何度叱ってもいうことを聞かない子供に対し、「どうして私の言うことが聞けないのですか？ 人に迷惑がかかるのですよ！」

丁寧語を使った途端、子供は、「これはただごとではないな」とびっくりするでしょう。いつも優しい言葉をかけてくれる母親や父親が、他人行儀な言葉を使っている。本気で怒っているんだなと気づくはずです。

言葉の使い分けによって、距離感を測ることができる一例です。

子供相手ではなくとも、いつも親しい口の利き方をしていた人が急に丁寧な言葉を使い始めたり、クールな態度を取り始めたりしたときは、「あ、この人、私との距離を取りたいのかな」と察したほうが賢明かもしれません。

13　時にはKYも有用だ

コミュニケーション能力って何？

一時期、場の空気を読まない人のことを「KY」と呼んでいました。そして「KY」という存在はまことに厄介で面倒な存在と疎《うと》んじられていた記憶があります。しかし同時に世の中では「コミュニケーション能力」というものを必要以上に重視するようになっていました。

劇作家の平田オリザさんにお会いしたとき、そんな話を伺いました。平田さんの著書『わかりあえないことから――コミュニケーション能力とは何か』（講談社現代新書）にも書かれていることですが、入社試験の面接で「君はコミュニケーション能力についてどう思いますか」とか「この会社に入ったらどんなコミュニケーション能力を発揮していこうと思っていますか」とか聞かれることが増え、そのために就職活動中の若者はこぞって「コミュニケーション能力」を身に着けようと事前に勉強しておくのだそうです。

そして若者はようやく厳しい関門をクリアし、無事に社員となり、コミュニケーション能力をさらに発揮して仕事に励もうと張り切ります。会議の席で、しっかり自分の意見を発信し、他の社員や上司の意見も耳にとどめ、円滑な関係を築こうと頑張ります。すると、会議が終わって部屋を出た途端、直属の上司にチクリと釘を刺されるのだそうです。

「君、上司が揃っている場で新入社員が余計なことを言うものじゃないよ。どうしてそこらへんの空気が読めないんだ?」

いや、だって、入社するときは、コミュニケーション能力を存分に発揮してくださいって、おっしゃっていたじゃないですか。若者は混乱します。いったいコミュニケーション能力とは何なんだ? できるだけ黙ってろという意味だったのか。

平田さんは、これが日本の現状であり、闇雲にコミュニケーション能力を磨けと求めたところで、現実社会においては見事な齟齬《そご》をきたしているとおっしゃっていました。なるほどねえ。積極的にしゃしゃり出る人間は、総じてKY呼ばわりされてしまうのか。だからなおさら日本人は、黙り込んでしまうのかもしれません。

たしかに「ここでそういうこと、言う？」と周囲の顰蹙を買う人はときどきいるでしょう。実際、その発言で深刻な問題が起こることも、ないわけではない。他人の気持を不用意に荒立てたり、その場の空気を壊したり。あるいは人を傷つける結果を招いたりすることとさえあるかもしれません。でも、そういう失敗を怖れすぎていたら、本当に何も発言できなくなってしまいます。

重々お察しとは存じますが、そういう意味において私はKY族の一人かもしれません。なにしろ喋り過ぎる。思ったことをすぐ口に出してしまう。ここはしばらく黙っておこうという我慢に欠ける。そう、間違いなくKYです。

「それは、言ってはいけない！」と叱られる

かつて、テレビ局のお偉い方々と、大スポンサーである会社のお偉い方々との食事

会に、なぜか私が同席しました。大スポンサーである会社のトップの方が口数は少ないながらたいそう気さくな方だったので、最初は緊張していたのですが、ワインとおいしい食事が進むうちに、和んだ気持になってきました。そんな折、大スポンサーであるその偉い方が発言なさったのです。

「あの番組に出資しているけど、どうも費用対効果があまり芳しくないんですねえ」

決してきつい言い方ではありませんでした。とぼけた様子でさりげなくおっしゃったのです。そこで私はつい、

「社長！　いまどきテレビに費用対効果を求めても無駄ですよ」

私の本意としては、視聴率獲得に躍起になって商品が売れることばかりをテレビに求める時代は終わった。それよりスポンサーはテレビ番組自体をもっと面白く、番組制作をしている人たちが楽しいと思って働ける現場を作ることを考えて出資していただきたい。生意気ながらそんな気持も込めて、つい言っちゃった。たちまち、その場の空気が凍りました。テレビ局のお偉いさん二人がジロリと私を振り返り、

「それは、言ってはいけない！」

厳しい口調で制されたのです。しかも、そのあと二回も、「それは、言ってはいけない！」「それは言ってはいけない！」と繰り返されたのです。

あ、クビだな。今、この瞬間に私は干された！　そう思いました。

こういうのをKYと呼びます。

幸い、なぜか番組を干されることにはなりませんでしたが、まことに心の底から反省しました。そして少し無口になりました、しばらくの間だけ。

でも、と、また言い訳がましいのですけれど、このような、明らかに上下関係がはっきりしている食事会、ないし会合、ないし会議などの席では、どうしても下の人間は寡黙《かもく》になり、上の人間ないしスター的存在、ないし声の大きな人の独壇場になりがちです。くだんの会食でのスポンサーの社長はむしろ寡黙な方だったので、一人で喋りまくっていらしたわけではありませんが、それでもまわりにいる同席者は、誰もがトップの動向をなにより気にして会話を進めているという空気をひしひしと感じ取りました。

どうも私は、そういう暗黙の上下関係を過度に忖度する場にいることが苦手、というか下手なので、つい空気を変えたい衝動に駆られてしまうのです。でも、犯した罪は、罪ですからね。

その節は大変に不用意な発言をして失礼いたしました。この場をお借りしてお詫びいたします。テレビ局の当時の社長様、会長様！

14 会合では一番の下っ端に喋らせる

中間層が動きだす秘訣

だいぶ昔、小島一慶さんと一緒に『情報デスクＴｏｄａｙ』という深夜のテレビ番組の進行を務めていた時代がありました。メインキャスターは秋元秀雄さんという、元読売新聞の経済記者であり、コメンテーターとしても有名な方でした。

生放送が終わったあと、番組の控え室に戻り、出演者スタッフ合同で、ビールを酌《く》み交わしながら反省会が開かれます。まあ、反省や感想を交わしつつ、雑談をする会のようなものです。片づけを終えた若いアシスタントディレクターも部屋の隅に腰掛けて、上司たちの話に耳を傾けます。上司が残っているのに、下っ端が先に帰るわけにはいかないからです。

そう、下っ端はひたすら上司の話に耳を傾けるだけ。中心的に喋っているのは秋元さんとメインプロデューサー、あとは一慶さんと、たまにアガワぐらい。残る十数人のディレクターや下っ端は、言葉を差し挟む勇気も気力もなく、内心では「早く帰りたいなあ」と思いつつ、ずっと黙って控えていたはずです。

そんな空気の中、突然、一慶さんが、部屋のいちばん隅にうずくまって座っていた、まだ番組に配属されたばかりの新人アシスタントディレクター、つまり番組内でいちばんの下っ端に声をかけたのです。

「君、名前なんだっけ？」

いきなり声をかけられた新人は、背筋を伸ばして名乗ります。

「今日、配属になりました○○です！」

「そうか。どうだった、今日の番組？」

新人は戸惑います。見渡すかぎり先輩だらけ。そんな場所で自分の感想など言えるわけがないといった戸惑いの表情です。すると一慶さんが、

「お前、顔色悪いぞ？　弁当食ったのか？　なに、まだ食ってないのか？」

新人は恐縮して倒れそうな勢いです。にわかに笑いが起こります。

「いいから、ここで食えよ。なんなら二つ、持って帰りなさい！」

すると一慶さんではない、他の若手スタッフが言葉を挟みます。

「コイツ、昼間の弁当は二つ、すでに食ってます」

また笑いが起こる。そしてそれまで沈黙を守っていたあちこちでお喋りが始まって、自由に言葉が行き交うようになりました。トップ同士の声しか聞こえていなかった室内に、さまざまな声が重なって、やりとりに活気が出てきます。

あとでこの奇跡の現象について一慶さんに問いました。

「どうしてあんなことができたんですか？」

一慶さんが教えてくださいました。

「だいたい上下が混ざった席だと下っ端は何も発言できなくて、会話が一本線になっ

てしまうでしょう。そういうときは、その会合の中でいちばん若い、あるいは目立たないヤツに声をかけるの。そうすると自然に中間層が動き出すんだよ」

まるで化学反応のようなこの方法は、その後、どんな堅苦しい席においても思い出して、なるべく実践するようにしています。

15　皇室の会話術に学ぶ

誰一人、会話の外に置いてきぼりにならない

堅苦しいというわけではありませんが、世にも緊張した会食の経験があります。

父が故あって、さる皇室の殿下と妃殿下をレストランへお招きすることになりました。荷が重いと思ったのか、同伴者として母のみならず、娘の私と、他にも親しい友人を呼び集め、合計八人の宴となりました。長テーブルに四人ずつが対面に並び、殿下と妃殿下は内側の席にはす向かいにお座りになりました。

まずは父自作のドライ・マルティニで乾杯。そう、実は父がどこかに「私はドライ・マルティニを特別のグラスで作るのが好きである」などと書いたためか、それを耳にされた殿下が「一度、阿川さんの作るドライ・マルティニを飲んでみたい」と仰せられたのですが、まさか粗末な拙宅にお招きするわけにもいかず、懇意にしているレストランの個室を予約して、お招きした次第です。

私は添え物、というか、父が困ったときの助手役という覚悟で臨んだつもりではありましたが、黙ってご飯を食べているだけでは許されません。とはいえ、積極的に話題を提供するのも憚《はばか》られる。それとなく自然に、しかし粗相のないよう余計なことは言わないで、笑みを絶やさず精一杯、猫かぶりの娘を演じておりました。私だけでなく、母や他の同伴者も、同じ思いだったはず。威圧感はないものの、自由気ままにお喋りができるといった雰囲気ではありません。どなたかが言葉を発すると、必然的に耳を傾け、ニッコリ笑って頷いて、ゆっくりグラスを傾けて、さりげなくフォークとナイフを動かして、上品そうに料理を口へ運ぶ。その繰り返しをするしかないのです。

そんな時間が過ぎるうち、私はあることに気づきました。

殿下がご自分の右方向の三人に向かってお話を始められると、いつのまにか妃殿下もご自身の右方向の三人に語りかけていらっしゃる。そして何かの拍子に話題が移り、殿下がご自身の左側の三人に顔をお向けになるや、さりげなく妃殿下がご自身の左側の三人のほうへ向けて語りかけられるのです。言っている意味、わかります？

つまり、殿下妃殿下が交互に逆の対角線方向へお言葉を投げかけるおかげで、常に誰一人として、会話の外に置いてきぼりにならないのです。それもごく自然にまんべんなく。そしてご自身が話題を提供されたり一方的にお喋りになったりするだけでなく、相手の言葉に優しく耳を傾けて、楽しそうに反応なさっておられるではありませんか。

おお、これぞ皇室のご教育というものかと、私はその見事な会話術の妙に感動してしまいました。

普通は大人数の宴でこんなふうにまんべんなく会話が回ることはめったにありません。どうしても声の大きい人や、その会でいちばん偉い人、あるいは地位の高い人、あるいは私のような喋り過ぎる人間を中心に会話は進み、気がつくと、ひと言も発することなくその場を後にする人がでてきてしまいます。

もちろん、「私は自分が喋るより人の話を聞いているほうが好きなの」という人も中にはいるでしょう。しかし、それにしても、ごく一部の人間に会話が偏ってしまうのは集いの姿として美しくはない。

そこで庶民としては、一つの方策を思いつきました。すなわち、口数の多くなさそうな人はできるだけ真ん中の席に座らせて、声が大きくてよく喋りそうな人にはテーブルの端に座っていただく。そうすれば、無口な人は積極的に言葉を発せずとも、左右から飛んでくる話を受け止めつつ、ときどき口を挟むタイミングをつかむことができると思われます。

幹事役となったら、まず席順を考慮して、それでも発言回数が偏ってしまったら、いちばん無口な人から、半ば強制的に自己紹介や近況報告をさせるというのはいかがでしょうか。

会話が激しく偏ったとき、参加者全員に一人ずつ、短いスピーチをさせるというのは、実際に経験したことのある私としては有効だと思っております。スピーチ嫌いの日本人も、一分ほどの独白ならば、なんとかできるものですよ。

自由気ままな会の楽しさ

伊集院静さんのゴルフ仲間の小さなコンペに誘われたことがあります。親しい小説家の他に、広告代理店の人やテレビ局勤務の人、出版社の人など、職種はバラバラ、年齢もバラバラ。とはいえほぼ五十代以上の殿方中心ではありましたが。

伊集院さんがその方々と、どこでいつ頃、親しくなられたのかは存じませんが、おそらく最初は仕事関係で知り合ったのだと拝察しました。

伊集院さんは身体も大きければ声も大きめ。そしてゴルフも上手で話もとびきり面白い。伊集院さんはどこへ行ってもスターでした。みんな、兄貴分のような伊集院さんの「大人の流儀」が聞きたいのです。だから、どんな会でお見かけしても、たいてい伊集院さんのお話をまわりの人たちが拝聴し、笑い声が起こる。そんな景色に見慣れておりました。

ところが、そのコンペに集まった人たちは、誰もがそばの人とのお喋りに夢中になっています。伊集院さんがなんの話を始めようとも、誰も黙ろうとはしません。大きな声で伊集院さんが面白い話をしているのに、ろくに聞いちゃいないのです。その様子を見ているうち、私は笑いがこみ上げてきました。

「なにを笑ってるんだ？」

伊集院さんに聞かれたので、笑いながら答えました。

「だって、誰も伊集院さんのお話、聞いていないから。こんな会、初めてです」

するとと伊集院さんも笑い出しました。

「まったくだよ。この連中といると、みんなとにかく勝手なんだ。誰一人、俺の話を聞かないんだから。失礼極まりない会だ！」

そういう言い方をしながらも、伊集院さんはこのメンバーとのこの雰囲気をいたく気に入っていらっしゃる様子です。年齢や地位に関係なく、自由気ままにあちこちで勝手に会話が生まれる集まりほど楽しいものはない。そのとき私は合点しました。

16　絶妙な突っ込みは会話の妙

思わず吹き出す大阪人の突っ込み

伊集院さんに紹介されて親しくなった長友さんと「……と言えば」を繰り返して〝しりとり話題合戦〟をしていた話は、前に書きました。長友さんとは話題に欠かないだけでなく、突っ込み合うことも頻繁でした。

なんといっても長友さんは生粋の大阪人。突っ込みはお手の物なのかもしれません。突っ込み合うというよりは、もっぱら私が突っ込まれていた記憶があります。

これもゴルフ場でのできごと。ハーフを終えて、ランチタイムになりました。四人掛けのテーブルに、一緒にラウンドした長友さんと私と、出版社の紳士お二人が座っておりました。

ちなみに私は、冬の寒い日のゴルフのとき、お昼の休憩時間にちょこっと日本酒の熱かんを注文することがありました。冷えた身体が熱かんでじんわりと暖まって、まことにおいしいのです。いつの頃からか味を占め、その日も注文しました。

するると同席していた出版社のお一人から、

「アガワさんはお酒、お好きなんですね？　強いんですか？」

とのご下問。

「強くはないですが、好きです」

「なにがいちばん好きですか？　日本酒？」

「いえ、私はご飯と一緒にお酒を飲むのが好きなので、そのときの料理によって選びます。和食のときは日本酒か焼酎。洋食のときはワイン。中華のときは紹興酒っていう感じですかね」

と、そのとき、

「お待たせしました。麻婆豆腐定食の方？」

「はい、私です」

私が麻婆豆腐定食のお盆を受け取ると、長友さんが私のほうにぬーっと首を伸ばしてきて、ぽつりと呟いたのです。

「ほお、麻婆豆腐と日本酒ですか。言ってることとやってること、ちゃうやん」

見事な突っ込みに、今まで気取ってお酒の話をしていた私の面目は丸つぶれ。でも同時に、少しかしこまっていらした出版社のお二人がおおいに吹き出して、一気にその場が和んだのですから、長友さんの突っ込みのおかげと感謝しなければなりません。

どんな話題を選ぶかということも大切ですが、相手の言葉に絶妙な突っ込みを入れることができたら、そこでまた一気に互いの距離が縮むというものです。

17 どんな接続語で始めるか

「でも」の用法

長友さんと続けていた「……と言えば」話題合戦もそうですが、会話の頭にどんな接続詞をつけるか。それは人によってさまざまです。

ちなみに私は、インタビューの中で、「でも」を冒頭につけて会話をすすめる悪い癖があり、気をつけているつもりなのですが、つい出てしまいます。

「でも」はそもそも逆接を意図する接続詞です。だから「でも」をつける以前に言った、ないし聞いた話の内容と、逆のことを発言したいときに使うべき言葉です。

正確な用法としては、

「昨日、お財布を落としちゃった」

「あら大変」

「でも、中身は小銭が少しだけだったから、被害は小さくて済んだの」

「まあ不幸中の幸いね」

「でも、そのお財布、ブランドもので高かったのよ。すっごく悔しくて」

「でも、買ってくれたのは、旦那様なんでしょ？」

「でも、所有者は私だもん！」

そんな感じでしょうか。

ところが私は会話の中で、必ずしも逆のことを言おうとして使っていない場合が多

いのです。たとえば相手が、

「さんざん迷ったんだけど、ようやく引っ越し先が決まったの」

と言ったのに対し、

「でも、大型犬も入居可なんでしょ。あなた、犬が命だもんね」

この「でも」に逆接の意味はありませんね。あるいは、対談のゲストが、

「大学を卒業したあと、しばらく仕事もせずにフラフラして、劇団に入ったのは三十歳近くなってからなんです」

とおっしゃったのに対し、

「でも、あの映画の大ヒットは、三十二歳のときですよねえ」

これも、逆接と言うには、やや無理がある。

つまり私自身の気持としては、相手が話しているポイントから少し話題をずらそうとするときに、どうやら「でも」を使いたくなる傾向があるようです。そんなに意識はしていなかったのですが、あるとき自分の出ているテレビ番組を観て気がつきました。なんと「でも」を頻繁に使っていることか。しかもそれが逆の意見や質問をしよ

うという意味ではないのに使っている。我ながら呆れました。

別に「でも」の使いすぎで叱られたことはないですが、あまり同じ接続詞を多用するのは、会話として美しくないですね。でもね！　話し方の癖というのは、なかなか自分では気づきにくいものなのです。

ムッとする「だから～」と「それはさておき」

会話の頭に「っていうか」とか「そうじゃなくて」とか「いや」とかをよく使う人がいます。きっと本人には相手を否定しようという意図はなく、「もう一つ、私自身の意見を加えたい」ぐらいの気持で、そういう接続語が出てしまうのだと思います。が、言われた側は、「っていうか」と来たら、これから自分の発言とは反対の話が出てくるのかと思って神妙に聞いてみるけれど、いっこうに反対意見は出てこない。むしろ結局、私と同じこと言ってるじゃないのと、ちょっとカチンとくることもある。

そういう経験をした方はいらっしゃいませんか？

「だから～」という接続詞を癖としている人もときどきいます。こちらがさんざん話をしたのちに、「だから〜」とつなげられると、「え？　さっきも言われたかしら？」とドキッとします。こちらとしては、「だから〜」と言われると、「さっきも言いましたけどね！」と、まるで叱責されたように受け止めてしまうからです。しかしおそらくこれも、言った本人は決して叱責しているつもりはないのでしょう。むしろ、「要するに」とか「つまり」とかと同様の意味として発しているに過ぎないかもしれません。でも！　やっぱり言われた側は、かすかにムッとしますよね。気をつけましょう。そうそう、ムッとするよねと同意しているそこのアナタ様！　自分も案外、使っているかもしれないのですぞ。

ある男性の口癖で、気になった接続語がありました。それは、「それはさておき」という言い出し方です。

相手が気持良くとうとうと述べたのち、聞き手であるその男性は、そろそろ次の話題に移りたいと思ったのでしょう。そんなタイミングになると、いつも「それはさておき」という言葉を持ち出す癖があったのです。相手にしてみれば、今まで延々と話した内容が面白くなかったと言われたような、たいした意味はないと否定されたような気分になりがちです。そんなことまで気にしなくてもいいと言われればそれまでですが、「それはさておき」と話題を変えられると、気勢を削がれた気がして話を続ける意欲がなくなってしまうこともあるでしょう。

ことほど左様に、話し始めの接続語には心を配ることが大事だと思われます。なにしろ使っている本人がいちばん気づいていないことが多いですからね。一度、自分の話し始めに癖があるかどうか、親しい人にでも聞いてみるといいかもしれません。

18 話題に窮したら病気自慢

病気自慢はタメにもなる

「……と言えば」に似ているかもしれませんが、「○○自慢の応酬」という会話のタイプがあります。

「ああ、眠い。昨日、三時間しか寝てないから」

誰かがそう言うと、

「三時間？　じゅうぶん寝てるじゃないか。俺なんて徹夜で原稿書いて、一度ウチに戻ってシャワーを浴びただけで、ベッドに入る暇もなく出てきたんだから」

すると続いて、

「一日ぐらい徹夜しても大したことはないさ。俺はこの三日間、ほとんど寝てないぞ」

寝不足自慢はどんどんエスカレートしていくばかり。こうなってくると、三時間睡眠でへろへろになっていた人はぐうの音も出なくなります。愚痴らなきゃよかったと思うでしょう。でもこれもまた、会話の展開方法としては、なかなか興味深いものではあります。

先日も七十代の紳士数人と一緒に食事をしていたら、一人の方が、

「俺は心臓にステントを二本入れる手術をしたよ」

そうおっしゃると、すかさず隣の紳士が、

「俺は三本だ。勝った！」

妙に誇らしげにおっしゃる。続いて今度は、

「俺も三本。しかしこないだ別のところで、ステント三本入れたんですと言ったら、私は八本入ってるけどどって言われて、まいったよ」

ステントの本数が自慢になる時代が訪れるとは思いませんでした。心臓病の話なのに、バカに明るい展開。

この手の病気自慢は、まわりで聞いていても不謹慎ながら楽しくなってしまいます。自慢ついでに、その病気や手術や対処法についてなど専門的な話にまで広がっていきますから、タメになる会話でもあるのです。

まあ、ある程度の高齢になると病気の話はいくら時間があっても足りないほど豊富ですね。話題に困ったら病気自慢。手術自慢。でもどうかお大事に。

19 占いや心理テストはいいネタになる

便利な手相占い

ある紳士が手相占いに凝っていたことがありました。なぜ手相占いの勉強を始められたのかと伺うと、

「これね、知っておくと、女性の手を自然に触ることができるの」

ニヤリと笑っておっしゃった。下心の種類は別にして、女性と会話を広げたり、女性にさりげなく近づいたりするときに便利なのだという。女性だけでなく、もちろん男性との会話を盛り上げるときにも役に立ちそうですよね。もっともその紳士は、

「男性を見ることに興味はないな」

言下に否定されました。

たしかに、女性は占いに弱いですからね。

「どれどれ、見てあげようか？」

そう言われたら、さほど好みでない人だと思っても、

「ええ、ホントに？」

身を乗り出して手を差し出してしまいそうです。そしてその男性にずっと手を摑まれていても、別に不快感は抱かないでしょう。だって占ってくださっているんですからね。

手相占いまではいかずとも、心理テストをするのも、人と親しくなるときに効果的です。

心理テストは時間つぶしにいい

いっとき私のまわりで、ある心理テストが流行っておりました。

「好きな色はなんですか？」

相手に問います。

「じゃあ……、青」

「どんな青ですか？　濃い青？　薄い青？」

「ちょっと緑がかった青かな」

「緑がかった青をどうして好きなのか。その理由をできるかぎり具体的に三つ、挙げて下さい」

「三つも？　えーと」

相手はしばし考えてから、

「爽やかだから。透明感があるから。心が広くなれるから」

質問者は相手の答えをメモに記します。いかにも心理学者のごとく。答えが具体性に欠けたときは、さらに突っ込んで問い質します。

「緑がかった青を見ると、どんな気持になりますか？」

「緑がかった青を、何に利用したいですか？」

こうして詳しくデータを集めた末、発表します。

「好きな色とは、自分そのもの、ないし理想としている自分の姿を表します」

すなわち、緑がかった青が好きな人は、自分は爽やかで透明感があり、心の広い人間である、あるいはそういう人間でありたいと望んでいることがわかるのです。

「へえええ。そうなんだ」

本人だけでなく、まわりで聞いていた人も驚きます。

中には、「金色」と答えた人がいました。「派手。いちばん強い。キラキラしている」などが好きな理由。つまりその人は、自分はいつも目立つ存在で逞しく、そしてキラキラしていたいということがわかります。

「黒が好き」という人もいました。好きな理由は「どんな色にも合わせやすい。ぶれない。落ち着く」などといったものだったと記憶します。へえ、たしかにこの人は、いつも落ち着いていて、誰とでも自分を合わせることが上手だなと納得したりします。

このような心理テストを一つ、二つ、知っておくと、話題がなくなったり、時間が妙に余ったりしたとき、周囲の人を楽しませることができます。

ちなみにこのテストには続きがあります。第二段階として、「好きな動物」を、「色」のときと同様に「好きな理由をできるだけ具体的に三つ」という条件つきで問います。たとえば「犬」だったら、大きな犬か小さな犬か。犬のどういうところが好きなのか。犬の愛らしいと思う部分や動作や見た目について、掘り下げて質問してみてください。「猫が好き」という人と、実に対照的な理由や好みがわかって、面白いものです。

で、動物は何を暗示しているかですって？　さあ、なんでしょうね。それを明かしてしまったら、今度、お会いしたとき、このテストがつまらなくなってしまうので内緒。

ちなみに私は「カメ」と答えました。理由は、「動きが遅いようで、いざというとき俊敏。面白くなさそうに見えて、実はユーモラス」。三つ目の理由を何と答えたか忘れてしまいましたが、テストの意図を知って、なるほどと納得したのを覚えております。

さらにこのテストに第三段階がありまして、それは「好きなスポーツ」です。その意味するところは、ご想像にお任せします。ほほほ。

20　小話を頭の抽斗に入れておく

小話は初対面で役に立つ

心理テストや占いを知らなくても、ちょっとした小話を知っていると、初対面の会話のときも役に立ちます。こういう小話は、得てして外国産のものが多いようで、つい先日もアラブの王様のことが話題になったとき、私は披露しました。

「アラブの王様と言えば、昔聞いたジョークですが、あるアラブの王様がフランスのニースに旅行にお出かけになりました。ニースの空港に到着した一機目の飛行機からアラブの王様が降りてきて、二機目の飛行機から奥様方が降りてきて、三機目の飛行機からは子供たちが降りてきて、四機目の飛行機からメイドや料理人が降りてきました。そのあとにも、たくさんの食料品、さらにロールスロイスが数台、音楽隊、兵隊を乗せた飛行機が続々と着陸しました。

　すると十何機目の飛行機から、スキー道具が降りてきたのです。ニースで迎えた人たちは驚いて、

『畏《おそ》れ多くも王様。さすがにニースでスキーをなさるのは無理かと存じます』

申し上げると、王様がお答えになりました。

『次の飛行機で雪が着く』」

それを聞いていたある紳士が、

「それ、まんざら作り話ではないみたいですよ」

そう教えてくれました。

「アラブが石油で大金持ちになった時代、本当にそんなふうに飛行機が行列して到着したという話を聞いたことがあります」

思わぬ展開になりました。そしてもう一人の方が、

「アラブのジョークで僕が知ってるのはね」

「……と言えば」で、さらに場は盛り上がったのです。

アラブの小話だけでなく、きっと皆さんも、「中国の昔話」とか「イタリアのジョ

ーク」とか、「イギリス英語とアメリカ英語の違いの話」とか、たくさんご存じのはず。そんな「ウイットに富んだ海外の小話」を頭の抽斗に二つ三つ持っていると、いざというとき活躍してくれるでしょう。国際的に流布されている話だけではなく、自分の旅行失敗談やびっくり談や「信じられなーい！」体験談も、必ず役にたつ日が訪れます。そしてそんな話を一つ披露してみると、きっと聞いていた人の中から、「だったら僕はね」という具合に、次々にバトンが渡されること間違いなしです。

21　シモネタの効用

森繁翁の風格すらあるエロ話

最後にシモネタが登場したら、そのパーティは成功したと言えるだろう。そういう言葉がイギリスにあると、昔、誰かに聞いた覚えがあるのですが、今回、あちこちで検索してみても、まったくヒットしないのです。あれは誰に教えられたのだったかしら。

でもその言葉の意図するところはわかるような気がします。すなわち、それほどに集まった人たちが打ち解けて、たとえ話題がシモネタになっても顰蹙を買わない雰囲気が生まれたということではないでしょうか。

シモネタを持ち出すタイミングは難しいですが、シモネタを決して下品だと相手に感じさせない語り方のできる人は魅力的だと、いつも思います。

だいぶ昔、森繁久彌さんに週刊文春のインタビューに登場いただいたことがあります。対談場所に現れた森繁さんは、お付きの方の手を借りて、ステッキをついてゆっくり入っていらっしゃいました。椅子に腰掛けて対談が始まってみたものの、どうも落ち着かないご様子です。耳が左右とも遠くなり、人の話が聞きづらくなっているとおっしゃった。

「補聴器を入れてらっしゃるのですか？」と訊ねると、

「うん。補聴器をしていると、夜、隣の部屋のアハーン、アアーンっていうのも聞こえるの」

そうおっしゃった途端、私はホッとして、すっかりリラックス気分になりました。ヨレヨレのふりをなさりつつも森繁節は健在であったことがわかったのです。

とはいえ、ときに私の質問をはぐらかしたりからかったり。真面目な話になりかけると、「お芝居の話ばっかりしてますが、それでいいんですか？　もっと面白い話しようよ」と。なかなかこちらの聞きたい話題に入ることができない。そのあげく、森繁さんの口から飛び出したのは、こんなお話でした。

森繁　僕は俳優さんたちに、宴会があったら、そこで必ずエロ話をしろと。これを嫌がる人はいないし、お喋りのコツが分かってくるから、是非やりなさいと。

阿川　ほおっ。

森繁　これはロシアの話。ニコライ二世が鹵簿《ろぼ》（行幸、行啓の行列）でずーっとクレムリンの通りを走って行った。一人の男が爆弾を仕掛けて、それを踏んだ瞬間にズドーンッ、皇帝が乗った鹵簿は木っ端微塵になりました。

阿川　はい。

森繁　慌てたのは後ろのほうに乗ってた侍従長。玉体影を認めず、どこへ飛んで行ったのかとうろうろ探したら、大きな街路樹の傍にペニスがダーンと落ちている。それをハンカチに包んで持って帰り、皇后陛下に「かくかくしかじかの不祥事が起こりまして、留めます玉体は……」と、ハンカチを開けて差し出したら……。

阿川　それで？（笑）

森繁　皇后陛下が「違います。それは運転手のです」（笑）。

そこで私が大声あげて拍手をしながら笑ったところ、森繁翁、やや冷静に、「あなたもお好きですね」だって。

しかし森繁さんのシモネタは、つくづく風格に満ちておりました。

以前、ピーコさんが岸田今日子さんの食事の召し上がり方について、「知らないの、アンタ。今日子さんはね、ラーメン食べても、フランス料理を食べてるのかと思うほど上品に召し上がる人なのよ！」

そうおっしゃっていたのを思い出します。

森繁さんは、あたかも詩歌を吟ずるかのごとく華麗に、「しれとこ旅情」を歌うときのように情緒を込めて、シモネタを語られる方でした。

ダンフミ、座席から転がり落ちる

檀ふみという名の背の高い俳優がいます。かつて一緒にあちこちを旅しました。あるとき海外へ行く飛行機の中、長時間のフライトにだいぶ飽きてきた頃、ダンフミが私に問うてきました。

「あなた、百人一首って、どれぐらい知ってるの？」

ダンフミは私と違い、学究肌です。自宅のお手洗いに百人一首の歌を張り、妹さんと一緒に一日一首ずつ覚え合っているという。対する私は教養とはほど遠く、百人一首といえば、子供の頃、お正月に親戚の家でかるた取りをするか、坊主めくりをしたほどの記憶しかありません。

「ろくに知りませんよ」

冷たく言い放つと、ダンフミは嬉々として、

「じゃ、テスト！　この歌を解釈しなさい」

「はあ？」

「逢ひみての　後の心にくらぶれば　昔はものを思はざりけり」

「逢ひみて？　って、会うこと？」

「会うっていっても、ただ会うんじゃないのよ、わかってる？」

「なるほどね。で、そのあとの心に比べたら……」

反芻しながら考えて考えて、思いつきました。

「つまり、あれでしょ？　わかった！」

「はい、ではお答えください」

「セックスをしたあとの気分と比べたら、昔はこんな気持いいものだなんて、ぜーんぜん知らなくて損したなあ。って、そういう意味？」

私が答えた途端、ダンフミは、

「げっひいいいいいいん！」

そう叫ぶや、飛行機の座席から転がり落ちたのでありました。

「なんでアンタはそういう下品な解釈しかできないわけ？　この歌はね、今までも、会いたい会いたいという気持は深いつもりだったけれど、そんなふうに濃密にお会いしてみたら、今までの会いたい気持なんて、どれほど浅いものだったかを思い知ったという歌なんです！」

つまり、私の言ったこととたいして変わらないんじゃないですか？　そもそも「逢ひみて」とは「ただ会うのではない」と言ったくせに、そんなに「げっひいいいいん！」と軽蔑される必要があるのだろうか。なんとも納得がいきません。そこでその旅行から帰って母に会ったとき、聞いてみたのです。母は女子大の国文科を卒業しておりました。少なくとも私よりはるかに百人一首に通じているはずです。

私は機内での一件を説明し、私自身の解釈も忌憚なく母に伝えました。すると、

「まあ、だいたいそんな内容なんじゃないの？」

あっさり私に賛同してくれたのです。ちなみに母とセックスの話をしたのは、あとにも先にもそのとき一回きりであり、それは画期的なことでした。

母はついでに、学生時代の国文学の授業の思い出話もしてくれました。母がお習い

していた先生は、日本語にたいそう厳しい女性の先生だったと言います。その先生が、万葉集や古典の詩歌を解説なさるとき、黒板に、

「事、ありやなしや」

そう書いて、

「これは古典を解釈するにおいて大事なポイントです」とおっしゃったそうです。

事、すなわち、そういうことのようです。事、ありやなしや。いい言葉です。

まんざら私の解釈は間違っていなかったどころか、的を射ていたのではないかと、その後、ダンフミに反論はしませんでしたが、内心で腑に落ちたできごとでした。


そういえば、堅物ダンフミと、五木寛之さんと一緒にロンドンとパリへ講演旅行をしたことがありました。三人に加えて出版社の方が随行してくださる贅沢な旅でした。途中、みんなで雑談となり、ふいに五木さんが語り出されたのです。

「好いた女性をそういう場所に連れて行きたいと思ったとき、九州の男はシャイだからね。ストレートには言えないのですよ」

「なんて言うんですか？」

「なんもせんけん、よかろ？」

そうおっしゃってから、一呼吸ののち、

「なんもせんわけ、ないのにな」

ちょっとはにかみながら五木さんが加えると、隣にいた出版社の男性が目を丸くして、割り込んできました。

「九州男は、そんなまどろっこしいこと言うんですか？」

その出版社の方は高知の出身でいらした。

「じゃ、君のところではなんて言うんだい？」

五木さんが訊ねると、

「僕らは素直ですよ。ただ、『やらせろ！』です」

まことに比較文化論的シモネタとなりました。他の地方ではどんな言い方をするのでしょうかね。興味深いテーマです。

〈声かけヒント3〉

もしあなたの目の前に来た人の、ズボンのチャックが開いているのを見つけたら、どうなさいますか？

人それぞれに判断基準があるでしょうから、決してオススメするつもりはないですが、私はたいてい、指摘します。早期発見早期治療をモットーに。

一度、総選挙直後の生番組に司会者として出演した折のこと。当選なさった議員の方々が続々とスタジオに到着なさいました。事務所での万歳やスピーチ、メディアの取材、各所へのご挨拶などをひととおり済ませ、ようやくスタジオに駆け込んでいらした男性議員が、

「遅くなりました」

「いえいえ。当選おめでとうございます。では、あちらの席へ」とご案内しようとして、ふと見ると、開いているではありませんか。

まあ、生放送中はほとんど座っているだけだからカメラに映ることはないと思いつつ、でもそのまま放っておくのも可哀想。そこで、

「あの、チャック！」

小声ではっきり申し上げました。先方は、あっ、と少し慌てた様子ではありましたが、すぐさま勢いよく閉めて、そのまま席にお着きになりました。その後、「ありがとう」も「失礼な」もありませんでしたが、到着早々のバタバタに紛れて、他の誰にも気づかれずに事なきを得たと思っています。当選直後で興奮気味だったこともあったでしょう。そういうことは誰にでもあると思えば、どうということはない。

かつて友人の女優Dが、電車のつり革につかまって本を読んでいたときのこと。真ん前の席に座る女性がチラチラとDのことを覗くような仕草をするので、「もしかしてDさん？」とか「ファンです」とか声をかけられるかもしれない。困ったなと思いつつ、なるべく本に没頭する振りをしていたそうです。すると、とうとう思い余った様子で目の前の女性が声をかけてきた。

「あのー」

「なんでしょうか？」

女優の矜持を存分に発揮して、すました顔で返答すると、

「チャック、開いてますけど」

言われた当人は、「むちゃくちゃ恥ずかしかったわ！」とひどく凹んでおりましたが、その段階で言ってもらえてよかったではないですか。もし誰もが気づいているのに、誰も声をかけなかったら、女優Dは社会の窓を存分に開放したまま一日中、都内をうろつき回っていたことでしょう。

早期発見早期治療。ちなみにお気づきとは思いますが、女優Dとは檀ふみのことでございます。


大竹まことさんが話してくれたエピソードがあります。大竹さんがある女優さんと共演し、かなり顔を近づけて演技をすることになったとき、大竹さんは気づいてしまいました。

「鼻毛が出ている……」

さすがに相手は女優です。その事実を伝えたら、おおいに傷つくかもしれない。

でもこのまま放置していたら、多くの人に見られてしまう。勇気をふるって大竹さんは声を発しました。

「あのー、鼻毛が……」

するとその女優さん、「あら」とひと言応えると、持っていたハンカチを使ってギュギュギュッと出ていた鼻毛を奥に押し込んで、平然と笑いかけてくださったそうです。

「あのとき、いい女優さんだなあと僕は感動したんだ」

その話を聞いた私も、一度も会ったことのない女優さんではありましたが、すっかりファンになりました。その方のお名前は伏しておきますね。Dさんでないことだけはたしかです。

人に指摘されたら恥ずかしいことは多々あります。チャックや鼻毛以外にも、背広の肩にたくさんフケが落ちていたり、セーターを裏返しに着ていたり、ボタンをずらして留めていたり。見つけた側も見つけられた側も、一瞬、ギョッとして顔を赤らめることになるかもしれません。でも同時に、小さな秘密を共有する同志のような親密感も生まれます。いつもは堅物に見えた人が、そんなドジを踏んでいるのを発見したら、ちょっと嬉しくないですか？　その後、声をかけやすくなる気がします。

Ⅲ　日本語は相手の様子を見る言語

22　日本語の一人称は変幻自在

一人称は相手によって変わる

学生時代、ろくに勉強しなかった私ですが、一つだけ深く記憶に残った授業がありました。鈴木孝夫先生の言語学の講座です。まず、

「日本語の一人称は、二人称によって決まる」

というお話でした。

英語の場合、自分は「I」で、二人称は「YOU」ですね。その人称代名詞は、たとえ誰を相手にしても変わることはありません。多少の敬語が加わったり、言い回しに気をつけたりすることはあるとしても、三歳の子供が大統領に語りかけるときも、夫が妻に語りかけるときも、恋人同士も親子の関係でも、自分はあくまで「I」であり、対する相手は「YOU」となります。

ところが日本語の場合は違います。相手によって一人称は変化します。

たとえば自分の子供を相手に話をするとき、男性は、

「パパ（お父さん）とキャッチボールしようか」

と言うでしょう。でも同じ人物が会社へ行って上司と話すときは、

「わたくしが今週中に案件のポイントをまとめておきます」

会社帰りにその人は、居酒屋で大学時代の同級生とグラスを酌み交わし、

「俺さあ、今週中に資料をまとめなきゃいけなくてさあ。まったくつらいよ」

そしてたまたまそこで学生時代に好きだったマドンナと遭遇するや、

「僕、本気であなたに憧れてたんですよ」

そして男は帰宅途中、迷子になった子供を見つけて、

「どうした、こんな夜遅くに。おじさんが交番に連れて行ってあげようか」

そして帰宅すると、再び、

「ねえ、俺のパジャマ、どこにある？」

こんな具合に、相手によって自分の呼び方を自然に変えているのです。

女性とて同様です。

母親の立場になると一人称は「ママ」や「お母さん」になり、気の置けない友だちと会うときは「あたしさあ」なんて言い方をすることもある。でもちょっと気取った会に参加するや、「わたくし、子供が二人おりまして」なんて言ってしまいますよね。

余談ではありますが、小説の中で一人称の使い方によって、読者が描く物語の世界はがらりと変わります。村上春樹さんが「僕」を使い始めたことは、大いなる衝撃でしたし、ハードボイルド小説の中で主人公は「俺」と名乗る場合が多い。男なのに「わたくし」と自分のことを語る小説だったら、あ、この登場人物はかなり堅物かなと想像することになるでしょう。一人称の使い方によって、相手に与える人物像はかなり変化します。

その点、女の一人称は幅が狭く、「わたし」か「わたくし」か「あたい」ぐらいしか変化をつけられず、その人柄や境遇を推察するのは難しい。男性の場合と比較してハンディキャップがあるなあと、いつも思います。

23　日本語は相手の出方によって自分の発言を変えられる

肯定か否定かは相手の様子で変わる

さて、なぜ日本語の場合、一人称が二人称によって変わるか。理由はおそらく自分の色を相手に合わせたいと願う日本人独特の文化のせいだと思われます。

もう一つ、鈴木孝夫先生に教えられたことは、

「日本語は、肯定か否定かを、文末に決断する」

というものです。

英語の場合は、主語がきて、すぐに肯定か否定かを決断しなければなりません。「I like beer」なのか「I don't like beer」なのか、「私は」と言った途端に好きか嫌いかを決めなければいけない。ところが日本語では、「ビールが好き……です」か「ビールが好き……ではありません」か、最後まで引き延ばすことができる言語のつくりになっている。

上司との会食の席にて、

「お酒は何にしましょうか。やっぱりなんといっても最初はビール……？」というところで上司がニンマリしたら、「ですよねえ」と続ければいいし、もし上司が「ビール……？」と言ったところでかすかに眉をひそめたら、

「じゃないですよね。部長、シャンパンがお好きですもんねえ」

相手の顔色を窺いながら、いかようにも調整できるのです。

これもまた、相手によって自分の発言を変えられるという、実に便利、というか、都合のいい言語の構成になっているということです。

すなわち、日本人は、言語構成上の観点から見ても、「自分の意見を述べる前に、まずは相手の様子を窺ってから」という思考が根強く定着しているのではないでしょうか。

自分の意見を言わない。これを弱点と受け止めればそうかもしれません。でも、相手の反応を見つつ、相手の機嫌を損ねないよう努めるという礼節のなせる業と思えば、決して恥じることではない気もしてくるのです。

24　語り手をノセる合いの手

ほど良い間隔の合いの手が大事

日本人の話し方のもう一つの特性に、「一気に自分の意見を言い切ることが苦手」というものもあります。

自分が話をしている間、目の前の相手がずっと黙っていると不安になりませんか？いったい自分の話は受けているのか。理解されているのか。そもそも聞いてくれているのだろうか。

そんな語り手の不安を解消するため、聞き役はほどよい間隔で、合いの手を入れます。

「昨日さあ」

「うんうん」

「夫がね、夜中に急に心臓が痛いって言い出してね」

「え、怖い」

「心配になって救急車呼ぼうかって聞いたら」

「そしたら？」

「イヤだって言うのよ。しょうがないからお水もってきたり、痛み止めの薬を探したり、温かいおしぼりつくって頭に当てたりしてさ」

「おしぼり？　心臓にきくの？」

「わかんないけど、なんかしなきゃと思ってさ」

「で？」

「私のほうが不安になって、ずっと寝られなくて」

「そりゃ寝られないわ」

「朝になったら、ゴルフの約束があるから出かけるって」

「それは無謀」

「私もそう言ったのよ。でも約束だからって」

「約束ったってねえ」

「行っちゃったのよ。こっちは気が気じゃなくてさ。それなのに、ゴルフから帰ってきたら『最高のスコアだった』って大ご機嫌。心臓の痛みなんて、どっか吹っ飛んじゃったみたい」

「なんだ、よかったじゃない」

「どうも私といると心臓が痛くなるらしいのよ。頭にくるでしょ」

「くるくる」

と、そんな具合の相づちやオウム返しを間に入れてもらうと、話し手は実に話しやすい。

そもそもこういうテンポのやりとりは昔ながらの漫才問答と似ていますね。そしてさらに遡れば、民謡にも「合いの手」は不可欠です。

エーイヤー　会津磐梯山は　宝の山よ
（ハ、ヨイト、ヨイト）

笹に黄金が　エーマタ　なり下る
（スッチョイ、スッチョイ、スッチョイナ）

この（　）でくくったところが合いの手です。他にも、（ハアー、ヨイヨイ）とか（あ、どっこいしょ）とか、いろいろありますね。この合いの手が入ると入らないとでは、民謡もノリが違うと言われます。言っているのは私ですが。

こんな具合に、日本人は、一人で長々と話さなければならないとき、あるいは歌うとき、途中で合いの手が入ると、たいそう心地よくなり、また精神が落ち着く民族なのだと思われます。

ということで、他人様がお話をしているときは、ほどよく合いの手、ないし相づち、あるいはオウム返しをして差し上げると、それだけで会話は盛り上がっていくでしょう。

25　男女で差が出る会話と人間関係

男性は年齢の上下が決め手になる

日本人は相手との関係性が明らかにならないうちは、口をつぐむ傾向があるように思われます。一人称が二人称によって決まるせいなのか、相手が自分とどういう関係であるか、どっちが上か下かがはっきりしないうちは、どういうふうに接し、どんな声をかければいいのか、見当がつかないのでしょう。

ときどきお寿司屋さんなどで見かける光景があります。カウンターに並んで座った男性が、それぞれに一人で店に来た客である場合、最初のうちは互いに黙って盃を傾けながら、ときどき小声で店の人に注文します。

「そろそろ握ってくれる？　じゃ、最初はコハダ」

「へい！」

まもなく目の前にコハダが置かれます。すると、刺身をつまんでいた隣の男性がチラリとコハダに視線を向け、遠慮がちに大将に声をかけます。

「僕も、コハダからお願いします」

すると、先にコハダを食べ始めた隣人が横を向き、

「最初はやっぱりコハダですね」

「私もそうなんですよ。旨いですよね、コハダ」

こうして自然に会話が始まる。でも最初は恐る恐る。少しずつ。間遠な感じで。そのうち、

「よろしかったら、どうぞ」

片方の男性が徳利を傾けて、お隣りさんにお酌をしようとする。

「いやいや、これは恐れ入ります」

こうしてさらに言葉数が増えていく。しかしそれでもまだ丁寧な関係。

そのうち、お酌の応酬が始まって、少し酔いも回った頃合いに、

「失礼ですが、この店はどうしてお知りになったんですか？」

「大学時代の同期に連れてきてもらいましてね。A大なんですが」

「A大？　これはまた奇遇。実は僕もA大でしてね」

「ええええ、何年卒ですか？」

「〇〇年」

と、ここで年齢が明かされることになります。たちまち、

「なんだ、俺の三つ後輩か。そうか、なら、〇〇君、知ってる？」

「はい。まさにその〇〇さんに、ここに連れてきてもらったんですよ」

「やっぱりそうか。いやね、僕もあいつとよくここで会うんだよ」

なんて具合にどんどん盛り上がり、ますます距離が近づいて……。でもお気づきでしょうか。男性の場合、得てして、どちらが歳上か歳下かが判明した途端、急に言葉遣いが変わるのですね。同じ出身大学であるからというだけでなく、たぶん年齢の上下というものが、互いの関係性を構築する上で大事な要素になるのだろう、と私は分析しております。

男性は会議の名分なら集まる

両親の最期を看取っていただいた高齢者病院「よみうりランド慶友病院」の創設者、大塚宣夫先生から面白いお話を伺いました。

大塚先生とは、『看る力』という介護についての対談本を一緒に作った仲でもあります。先生の持論は実にユニークで、何事も大らかに受け止めてくださる方なので、私が両親の介護のことで滅入っていたとき、どれほど励まされたことでしょう。

父は晩年、誤嚥性肺炎を起こして緊急入院をしたのですが、その一ヶ月後、見事に回復して普通食を食べられる身となったとき、

「鰻《うなぎ》が食いたい」

と言い出しました。喉の弁が老化して、食べたものが間違って肺に入り、それが原因で肺炎を起こしたばかりだというのに、鰻の小骨がひっかかったら、また肺炎を再発させることになりかねません。それはいかに父の強い望みと言っても聞き入れることはできない。そこで私は言質《げんち》を取るため、大塚先生のところへ行きました。

「先生、父が鰻を食べたいと言うのですが、さすがにやめたほうがいいですよね？」

そう聞くと、

「鰻？　いいんじゃないですか？」

「いい？　食べさせてもいいってことですか？」

驚いて問い返すと、大塚先生は笑いながらおっしゃいました。

「好物は喉を通るんですよ」

イヤだイヤだと思えば喉にひっかかってしまうけれど、食べたいと思う気持が強ければ、自分でも気をつけて飲み込むから喉を通ります。万が一ひっかかったら、我々医者がいますのでご安心くださいということだったのです。

その言葉を聞いて以来、私は大塚先生の高齢者への対応哲学に全幅の信頼を置くようになりました。

あるとき大塚先生が、

「入院患者さんのために、ときどき上階のレストランフロアで音楽会を開いたりイベントを催したりするのですが、『お集まりください』と声をかけても、来てくださるのはだいたい女性ばかり。男性患者はほとんど病室から出てこないんです」

困ったことだと思った大塚先生、ひらめきました。

「男性患者さんには音楽会とかお話会とか言って誘っても興味を示さないけれど、『○○さん、上階で会議があるので、ご出席いただけませんでしょうか。できればそこでひと言、お言葉を』なんて声をかけると、渋々ながら、出てきてくださるんですよ」

やはり男性は、娯楽に対しては及び腰でも、仕事がらみという理由になると行動する習性があるようです。

またあるとき、大塚先生は気がつきました。

男性患者がたとえ病室を出て他の患者たちの集まる場所に現れたとしても、なかなか会話が成立しない。他の人と交流しようという意欲がないらしい。そこでまたひらめかれたそうです。

「そうだ、名刺を作ろう！」

男性患者に、その人の名前が印刷された名刺を配り、一人ひとりに持たせたそうです。男性は名刺を持っていれば、人と会話をするきっかけができるらしい。

はてその名刺にどんな肩書きを入れてあったのか。そこまでは伺わなかったのですが、自分の好きな肩書きを入れておけば、それが会話の糸口になることもあると思われます。

たとえば、過去の実績を大事にしている人ならば、「元○○株式会社社長」などと真面目に書くかもしれません。

でも中には、「音楽家」と印刷されていたりして、

「お、あなたは音楽家でいらしたんですか？　楽器は？」

「楽器？　ウクレレ。八十歳から始めました」

それだけで話題は広がっていきそうではないですか。


以前、母が慶友病院に入院しているとき、廊下で車椅子に座ったまま、しきりに看護師さんを叱りつけているおじいさんがいました。何を怒っているのかと思って耳を傾けてみると、

「君、まだ君の名刺をもらってないぞ。さっきから出せと言ってるだろう！」

どうやら名刺を出してちゃんと挨拶をしていないということに腹を立てておられるご様子。

「申し訳ありません。今、持ってきますので少々お待ちください」

看護師さんも慣れたもの。認知症の患者さんの懐に入ってちゃんとビジネスの世界にお付き合いしているのです。はあ、名刺は男子にとって武器なのかと、そのとき再認識したものです。

女性で大事なのは共通の悩み

さて女性の場合はどうかというと、もちろん歳上ないしポジションが上の女性を相手にして、最初から同等の口をきくわけではないですが、仲良くなってしまったら、どちらが上か下かはさほど重要でなくなります。むしろ気が合うか合わないか、話をしていて楽しいか楽しくないかが、少なくとも私には大切な距離の縮め方の要素となる。

ただしかし、女性の場合は年齢よりむしろ、共通の悩みや問題を抱えているかどうかによって距離感は格段に変わります。同じ思いを抱いている者同士だと話がしやすくなる傾向はあるのかもしれません。

たとえば、二人とも親の介護に奮闘している最中であるとか、互いに結婚せず仕事に忙しくしているとか、反対に専業主婦同士で、しかも子供の進学問題でへとへとに疲れているとか。「人の話は九十パーセントが自慢と愚痴」という東海林さだおさんの言葉を借りるならば、まさに共通の愚痴を思い切り語り合える関係であると、話題は尽きない上、仲良しになりやすい。

ところが人生は移ろいやすく、環境や境遇、状況は刻一刻と変化します。この間まで親の介護問題で悩んでいた人が、ある時点で介護から解放され、今度は夫の病気が発覚してそのほうでアタフタする日々が始まる。すると、介護で結ばれていた友とは自然に疎遠になってしまうのです。

だから女の友情は長続きしないと言われやすいのかもしれません。が、長続きはしないかもしれないけれど、いろいろな人とさまざまな話題で交流できると考えれば、実に変化に富んだ、豊かな会話を体験できるとも言えます……かな。

26 初対面での会話術

エレベーターの中が悩ましい

初対面の人と会話をするのが難しい理由は、初対面なのに話をしなければならない状況だから何を言おうかと悩むわけですね。でも見知らぬ者同士、別に会話をしなくてもいい場面になると、悩むどころか、そもそも会話をする必要がないと思っている日本人は多いように感じます。

たとえばエレベーターの中。ドアが開いた途端、先客ありと知るや、伏し目がちになり、ドアが閉まってエレベーターが動き出すと、今度は階数が表示されている文字盤の動きをじっと目で追う。できるだけ同乗者のほうへ視線を向けないようにするのが通例です。多少の親切心と愛想を持ち合わせている人は、自分が先に降りるとき、すばやく「閉」のボタンを押して出て行くか、あるいは「お先に」という心の声を示すためか、軽く会釈をして降りて行く。反対に自分が残される立場になった場合は、通路を邪魔しないようういったんエレベーターを降りるか、あるいは「開」のボタンをずっと押して、ドアが閉まらないようにする。これが最大級の気遣い。でもたいていの場合、それらの誠意を示しながらも決して相手と目を合わせたり、声をかけたりすることはしない。それが日本のエレベーターの代表的な光景ですよね。

「See you soon!」で勘違い

三十年ほど昔のことになりますが、アメリカでエレベーターに乗ったとき、見知らぬ男性と乗り合わせました。まず乗るやいなやじっとこちらを凝視して、「ハーイ」と挨拶をされました。

「ハーイ」

私も顔をこわばらせつつ笑みを返します。そのとき会話はしなかったのですが、男性は私より先に降りる際、次の台詞《せりふ》を吐いたのです。

「See you soon!」

へ？　あとで会いましょうだって？　これってナンパ？　思わず焦りましたが、まもなくその言葉は、単なる「またね」といった軽い挨拶だとわかりました。とはいえ、おそらく二度と会うことはないと思われる相手に対してでも、「またね」って、アメリカ人は言うのか。衝撃的でした。

エレベーターどころか、道を歩いているときさえ、すれ違いざまに目が合うと、「ハーイ」とか「How are you?」とか、平気で声をかけてきます。知り合いではありません。まったく見知らぬ人です。声をかけずとも、目が合うと必ずニッコリ笑いかけてくる。

なんと愛想のいい国民かと感動し、帰国後、私も日本で実践してみようと心がけた時期もありましたが、早々に、やめました。

日本ではそういう見知らぬ者同士の関係は成立しにくいのが現状です。電車に乗っていて、なんとなく視線を感じて顔を上げるや、たちまち目をそらされることの多いこと。アメリカでの生活に慣れ切ってすっかりかぶれて帰ってきた当初は、日本人はなんと無愛想な国民だろうかと、自分のことを棚に上げてぷんぷん怒ってばかりいたものです。

ドキドキで声をかける電車の中

そういえば、一度、ワシントンD.C.の街中を、ぺたんこの赤い靴をはいて歩いていたときのこと。黒人のホームレスのオジサンが、ラップ調のリズムで歩きながら何か言葉を発したなと気づきました。でも、私に声をかけているのか、ただ歌っているのかよくわからなかったので返事もせずに通り過ぎようとしたら、うしろから「ヘイ、ヘイ！」とそのオジサンに呼び止められました。驚いて振り向くと、どうやら私に用事があるご様子。「なんですか？」と聞くと、

「俺は君の靴を褒めたんだよ（I said I like your red shoes）。それなのに無視するってどういうこと？　ありがとうぐらい言うべきなんじゃないのかい？」

ああ、たしかに。それは失礼なことをしたものだと思い、すぐさま、「ごめんなさい。ありがとう」と答えましたが、そのときのことは忘れられません。

今でも電車の中などで、ステキな靴をはいている女性を見かけると、あの「赤い靴事件」を思い出して、声をかけたくなります。あのオジサンのように気さくに声をかけ、「その靴、ステキですね」とニッコリ笑いかけたいと思うのですが、どうも勇気

が出ません。怪しい人だと思われてもいけないし、きっと相手を驚かせることになるだろう。でも言ってみたい。どうしよう。迷っているうちに駅に到着し、その人は去って行く。そんなことがちょくちょくあります。そんなとき、所詮、私は日本人だなあと実感します。見知らぬ人に声をかけるのに、どうしてこんなに勇気が要るのでしょうねえ。

でも一度だけ成功したことがあります。やはり電車の中。若いお母さんが五歳ぐらいの女の子と一緒に席に座っておりました。私は斜め前の席に座って、彼女らの様子をさりげなく窺っていると、女の子はお母さんとあやとりを始めました。小さな指で赤い糸を揃えたり開いてみたり。お母さんの手にかかった糸に、頭を傾げて、どうやって取ろうかと悩む。その仕草の、なんと可愛らしいことか。思わずこちらも笑顔になってしまいます。

とうとう私の降りる駅に到着。私はあえて彼女たちの前を通り、そのときちょこっと、「可愛いねえ」と声をかけました。女の子はキョトンとした顔でこちらを見上げ、お母さんは笑いながら会釈をしてくれました。

　こんなひと言をいうだけで胸がドキドキするのですから、まったく情けない。もっと自然に知らない人と会話ができたらどんなに楽しいことかと、古稀になってなお、修業の身であります。

27　スマホ依存は言葉を忘れさせる

知らない人とは喋らない若者たち

　しかし最近の若者は、私たち以上に見知らぬ人と会話をするのが苦手になっているような気がします。その理由の一つは、携帯電話の影響ではないでしょうか。かつてどこの家庭にも家電話（そんな言い方も昔はなかった）があり、リリリンと鳴っても番号表示などしてくれませんでした。誰からの電話かわからぬまま、受話器を取って「もしもし？」と問いかける。話してみたら家族だとわかることもある。気取った声を出すんじゃなかったと後悔し、「なんだ、あんただったの？」なんて一オクターブ声が低くなったものです。

でも油断すると、父の仕事の関係者だったりすることもあるから、最初から無愛想な声は出せません。知らない名前を名乗られても、「少々お待ちくださいませ」と丁寧に応対しなければならない。

あるいは見知らぬ人に電話をかけることも多かったですね。そういうときも、失礼にならない程度のきちんとした言葉を用意しておく必要があります。

ところが今どきは、かかってきた電話には必ず番号が表示されている。あるいは登録した名前が出てきます。だから、知らない番号が表示されたら、出ないのが普通なのだそうですね。電話とは、相手が誰だかわからないことが前提だと思っていた我々世代には考えられないことです。そう思っていたけれど、携帯電話に慣れてしまうと、知らない番号が表示されるや、しばし出るのを躊躇する自分がいることに気づきます。慣れは怖ろしい。

思えば昔の子供は、黒い電話で見知らぬ人との会話の訓練をしていたのかもしれません。そう考えると、今の子供たちは知っている人としか話さずに育つのですね。社会に出てから、「私、人見知りなので」と人間関係に怖じ気づくのも無理のないことかと思います。加えて今どきは、電話に出ないどころか、電話自体をあまり使わないとか。たいていの用件はメールやＬＩＮＥで済ませるのが通例と聞いています。それが本当だとしたら、ますます知らない人に声をかけられなくなっちゃうぞ！

人類の進化か退化か？

電話だけでなく、街中で道を聞くということも、今はあまりしないようです。

先日、若い編集嬢と目的地へ向かって歩いていたら、どうも道順が怪しくなってきた。

「えーと、たぶんこっちの道を行けばいいと思うんですよね」

編集嬢はひたすらスマホの地図を睨みつつ、道案内をしてくれます。でもやや不安。私はつい、「誰かに聞けば？」と声をかけました。ところが彼女は歩きながらずっとスマホを睨みつけるばかり。車に轢かれるんじゃないかとこちらもヒヤヒヤします。

彼女にしてみれば、人に道を聞くという行為はできればしたくないと言うのです。しょうがないなあ。私は周囲を見渡しました。住宅街が続いていて、人通りもまばら。誰かに聞きたくても聞く人がいないとなれば、私は方角を考えます。東西南北。こっちに太陽が落ちようとしているということは西だな。ってことはこっちが南だから、とりあえずこっち方面へ歩いていけばいいんじゃないの？　なんて調子で歩いていると、編集嬢が感心したような顔で私を見つめ、

「よく方角なんてわかりますね。私、ぜんぜんわかりません。スマホがなかったら知らない街は、まったく歩けません！」

そう言い放ったのです。そうか、もはや今の若者は見知らぬ人や自分の勘を頼ることをせず、すべてをスマホに委ねて生きていくしかないのかと、寂しいような情けないような気持になりました。


世界中の見知らぬ人とはＹｏｕＴｕｂｅやＳＮＳを通して繋がりたいと望んでいるのに、身近な見知らぬ人とはできるだけ声を掛け合わずに生きていきたいと思っているのでしょうか。これは人類の進化か、はたまた退化か？　わからんぞお。

28　一人で入った飲食店で何を喋る

一人の外食が怖い

見知らぬ人と気軽に会話ができるようになりたい。そう断言した私でありますが、実は一人で外食をするのが苦手です。もはや人見知りしている歳でもないのですが、どうも一人で飲食店に入ろうとすると、ひどく緊張してしまいます。

だいぶ昔のことですが、昼間にどうしてもお腹がすいて倒れそうになったので、苦手と思いつつ思い切ってラーメン屋さんの暖簾《のれん》をくぐりました。

「っらっしゃい！」

威勢のいい声で出迎えられ、客の誰も振り向いたわけではないけれど、なんとなく見られているような気がして、及び腰でようやくテーブルに腰を下ろしました。

「ご注文は？」

元気な店員さんが近づいてきて、私に声をかけてくれます。早く決めなきゃ。早く早く。店の壁にかけられたメニューに目を向けます。そして決心し、店員さんに告げました。

「ショーチュー麵」

一瞬、店員さんに顔を覗かれて、ちょっとの間ののち、気づきました。

「あ、間違えました。チャーシュー麵」

たちまち顔が火照り出し、そこにいること自体がつらくなり、そのあとのことはよく覚えておりません。まあ、無事にチャーシュー麵を食べて店をあとにしたとは思いますが、あのときは恥ずかしかった。

その事件以来、ますます一人外食が怖くなりました。なにが苦手と言って、注文を間違えるのはいっときの恥ですから仕方がありませんけれど、テーブルやカウンターに一人で座って、黙って一人で食事をすると、余計な自意識が働くのでしょう。周囲から見られているのではないかと気になって顔を上げにくくなったり、料理を待つ間、どう暇をつぶしたらいいかわからなくなったり、食べている最中も、一人で「おいしいね。うん、おいしいおいしい」と自分に語りかけるわけにもいかないと思ったり。そんなことを考えていると、料理を楽しむ余裕が失せて、さっさと食べて、さっさと店を出たくなってしまうのです。

そんなとき、近くのお客さんと自然に会話をしてみたり、店の店員さんや、もしカウンターに座ったならば、カウンターの中にいる店の大将やスタッフと言葉を交わしてみたりとか、すればいいものを、ねえ。

とにかく目にしたことを口にする

でもさすがに大人になりました。どうしても一人でお店に入らなければならない状況になったときは、腹をくくります。最後まで一人という場合でなく、同伴者より先に店に到着してしまったときなども、覚悟を決めます。昔は同伴者が来るまで店の外で待っていたものですがね。いつまでも小娘ぶっているわけにもいきません。

店の人に案内されて席に着くと、メニューに目を落としたり、内装に視線を向けたりして、暇そうなスタッフと目が合えば、話しかけてみます。

「いつオープンしたんですか？」とか「このお店、パスタが評判なんですってね」とか、料理の話題を持ち出せば、アチラはそれが商売ですから、快く説明してくれるでしょう。あるいは、「いつも混んでいるのに、今日は珍しく空いていますね」とか「この絵、面白いですねえ」とか、店内を見渡して気づいたことを聞いてみるということもできます。

オープンキッチンのカウンター席に座った場合は、料理を作っている様子を観察するのも楽しい。いろいろと疑問が湧いてきます。

「お米、ざるで研ぐんですか。今度、ウチでもやってみます」

「さすが、みじん切りがお上手！　コツ、あります？」

「今年は千葉で太刀魚がいっぱい捕れるんですってね？　秋刀魚はまだ高い？」

などというニュースネタも有効です。

よほど気難しい料理人でないかぎり、こちらが興味を持てばいろいろ説明してくれます。料理人との会話が途切れたら、また店の中を静かに見渡して、あら、お隣のテーブルに運ばれた料理はなんだろう、なんて、メニューと見合わせつつ、こっそり想像するのも楽しいものです。

そう、私はどうも人が食べている料理が気になってしかたがないのです。ジロジロ覗き込むのは失礼になるので、いつも実現するわけではないですが、ときに私が興味を持っている気配を察して、反応してくださるお客様もいらっしゃいます。

「おいしいですよ、このビーフカツ」

「うわ、私も頼んでみます。ありがとうございます」

そんな会話が成立すれば、一人で見知らぬお店に入っても、グッと気分が盛り上がってきます。

以前、よく通っていたイタリアンのレストランにて、近くに座っていたご夫婦の召し上がっている料理がおいしそうだったので、私はずうずうしくも、

「それ、なんですか？」

と、問いかけたことがあります。そのとき私は一人ではなく、女友だちと一緒だったのですが、そのひと言がきっかけですっかり意気投合し、以来、ちょくちょく一緒

にご飯を食べたりゴルフへ行ったりする仲になりました。そのご主人は今でもその日のことを振り返っては、

「僕、アガワさんにナンパされたんだよな。料理のこと聞く振りして近づいてきた」

とおっしゃいますが、そんなわけがない。だって彼は奥様と一緒だったんだから。でも、もし一人で食べているときに、どれほど料理に興味があったからといっても、「そのお料理、おいしそうですね」と声をかけてくる男がいたら、私だって「あ、ナンパだな」と思うでしょうね。そんなわけないって？

29　アウェイの場所でどうするか

よその番組は緊張する

見知らぬレストランだけではなく、見知らぬ場所に行ったとき、どうやってそこにいる人々と近づけばいいでしょうか。つまり、勝手知ったる自分の持ち場ではなく、

アウェイに置かれた場合のことです。訪問先で大人数に迎えられ、その場所に慣れていないのは自分だけ、などという状況はよくあります。

私の場合は、自分がレギュラーとして出演している番組ではなく、他の番組にゲストとして招かれたときなどに、そのような緊張感を味わいます。

番組の収録が始まる前、スタジオ周辺にはレギュラー陣がたむろしています。皆、お馴染みの仲らしく、楽しそうに会話をしている。でも私だけがよそ者です。

それでも皆さん、きちんと挨拶をしてくださいます。

「あ、アガワさん、おはようございまーす」

「よろしくお願いしますぅ」

にこやかにお辞儀をされるのだけれど、はて自分はどんな具合に応じればいいだろうかと考えます。明るく爽やかに？　でも妙にはしゃぎすぎても変だから、ここはちょっと落ち着いた大人のモードを前面に出そうかしらね。あれこれ迷いつつ、

「この番組に出るのは初めてなもので。いやあ、緊張しますねえ」

語りかけやすそうな出演者の一人のそばに近づいて懐いてみるものの、

「大丈夫ですよ」

それぐらいの言葉しか返ってこない。そうですよね。この人とて、レギュラー出演者としての役回りがいろいろあるでしょう。本番に向けて頭を整理している最中かもしれない。邪魔をするべきではないと引き下がります。

ならば誰に近づくことが賢明か。それがわからないのがアウェイのつらいところです。

ヒロミさんに救われた

もう二十年以上昔のことですが、初めて『TVタックル』に出演したときのことを思い出します。それまで私は他局の報道番組に長年、アシスタントとして出演したとはいえ、芸能人との共演はほとんど経験したことがありませんでした。それなのに、『TVタックル』に出てみれば、ビートたけしさんをはじめ、大竹まことさん、田嶋陽子さん、舛添要一さん、ヒロミさん、飯島愛さんなど、豪華な面々が揃い踏み。引き受けるんじゃなかったと、スタジオに行ってから後悔したほど怯《おび》えました。

でもしかたがない。指定された席につき、収録が始まりました。なんだかわからないけれど、話題がどんどん展開していく。その流れに必死に食らいつき、発言を求められたらなんとか答えてみる。そんな具合に収録が進んでいったとき、私の稚拙極まりない発言に、ヒロミさんが笑いながら耳を傾けてくれて、「そうだね、なるほど」などと、何度も反応してくださったのです。

なんていい人だ！

それまで私はヒロミさんに対して、若い頃はやんちゃな暴れん坊、今はバラエティで活躍しているザ・芸能人という印象しか持っていなかったのですが、実は人の話を……、というか、さして役に立ちそうにない私の話なんぞを丁寧に拾って受け止めてくださる優しい人だとわかり、心から感謝の気持を抱きました。

それだけではない。収録が終わったあとも、ニコニコと新入りの私に手を振って、「お疲れ様でした。面白かったね」なんて声をかけてくださったのです。

カメラが回っているときに愛想良くしたり声をかけたりするのは、テレビ出演者としては当然のことですが、カメラが止まり、収録が終わったあと、あるいは収録を始める前、共演者との交流があまりないことが、部外者として参加した者にとっては、いたたまれない気持になるものです。

「はい、収録はこれで終了です！」とディレクターから声がかかった途端、今までの笑顔はどこへやら。「お疲れ様」という挨拶もそこそこに、さっさとスタジオを出て行ってしまうタレントさんはいるものです。ライトの下ではあんなにオモシロおかしく喋っていて親切だったのに。急に取り残された気持になってしまいます。だからヒロミさんの優しさが余計、心にしみたのかもしれません。

それ以来、自分の出ている番組に初めていらっしゃるゲストが居心地悪そうにしている様子を見つけたら、収録前にできるだけ声をかけ、「大丈夫ですよ。バンバン自由に発言してください。基本的に気楽な番組なんですから」と安心させるよう心がけています。できれば収録が終わり、「あんな発言でよかったのかなあ」と事後の不安に陥っているらしきゲストに対しても、「いいお話をありがとうございました」とか

「さっきおっしゃってた話、本当なんですか？　面白かったあ」などとフォローをするようにしています。いつもってわけではないけれどね。

ゲストのアウェイ感をできるだけ取り除いて差し上げるのが、レギュラー出演者の一つの仕事だと思います。

30　初めて会った人への対し方

初対面を「いい感じ」にする

慣れない場所での会話は、テレビ番組だけでなく、たとえばよその会社の会議室とか、見知らぬ人たちの集まるパーティとか、会食の場などでも、ドキドキするものです。とくに最初のひと言目が大事。その場の雰囲気と、相手との関係性を決定づけることがあります。

週刊文春の対談現場でも、ゲストと最初にご挨拶するとき、特に初対面の場合はそれなりに緊張します。でも、おそらく聞き手の私以上にゲストのほうがもっと緊張しているだろうと思います。なにしろアウェイですからね。「アガワ、どんなヤツなんだろう」「どんなことを聞かれるんだろう」と心の中に不安を抱きながらいらっしゃるのだと拝察します。

そんなとき、ゲストをお迎えする立場の私は、「どうか怖がらないでくださいね」という気持を込めて（本当は私も怖いのですが）、最初の対面の雰囲気をできるだけ「いい感じ」にしようと心がけます。

たとえば、大きなスーツケースを持って部屋に入っていらしたら、

「あらま。これからご旅行ですか？　違うって？　今、成田から直行なさったんですか？　それはそれは。お疲れのところを恐れ入ります」

スーツケースとリュックとバッグを抱えて息を切らして現れた方を、ただ呆然と見ているだけでは失礼に当たるでしょう。率先して荷物を受け取って、部屋の隅に置くのをお手伝いしたら、改めて「初めまして」と挨拶をする。そんな順番になることもあります。

あるいは杖をつき、足を引きずりながらいらっしゃることもある。きっとここまで来るだけでさぞや大変だったでしょう。

「どうぞどうぞ。まずはおかけになって」

ソファをお勧めすると、まずお手洗いへ行きたいとおっしゃる。そんなときも「あ、お手洗いですか？　ご案内します」

もちろん担当の編集者君がお連れすることもありますが、編集者君を含め、こちらはお招きするチームです。みんなでこぞって居心地のいい空間を作ろうと動く。そうすれば、ゲストも少しは安心なさるでしょう。

私とて、いつもにこやか、元気溌剌《はつらつ》、愛想よし、というわけではありません。そのあたりは仕事仲間に調査していただければ、すぐにバレることです。

「アガワさん？　怒りっぽいよー。すぐ愚痴るし。瞬間湯沸かし器と呼ばれていたお父さん、そっくり」

そういうネット記事が載ったら、どうかがっかりせず、アガワもダメな人間なのだなあと、諦めてください。

でも、いざというときは愛想を振りまきます。張り切り過ぎてＫＹになることもありますが、やるときゃ、ちゃんとやります。なぜならば、私はお客様を招く役割を担っているからです。そうでなかったとしても、初めて会った方には好印象を持っていただきたいという自意識があるからかもしれません。

いつもにこやかなのは良い

以前、「おはよう」とか「久しぶりー」とかいう場面で、いつもブスッとしている友だちがいました。なんだか不機嫌そう。怒ってるのかな。遅刻してないけど、私に不満があるのかしら。声をかけないほうがいいかしら。会った途端に気分が落ち込みます。

顔のつくりのことを言っているわけではありません。怒ったような顔をしている人はときどきいますが、そんなお顔でも機嫌がいいか悪いかの区別はつくものです。鬼のような怖いつくりの顔なのに、その顔のまま、「アガワさんに会えて嬉しいなあ」と言ってくださる人もいます。そういう人を、むしろ羨ましいと思うこともあります。

だって、怒っているのかなと思ったら、ときおりニンマリしてくださる。そのときの笑顔のありがたさは、普段からニコニコしている人より百倍、御利益がありそうなんですもの。

でも、くだんの友だちは、顔が怖いわけではありません。凛々しくて美しい顔なのに、その日の最初の出会いの瞬間は、いつも本気で不機嫌そう。その後、しばらく話していると、決して不機嫌でないことがわかります。ならばどうして最初にそんな顔をするの？　聞きたかったけれど、聞けないまま、今は疎遠になりました。嫌いになったわけではないですが、会うたびに不満をいっぱい抱えているような顔をされると、こちらも気分が晴れず、お喋りをする気がなくなってしまいます。

その友だちを見て、心に期したのです。とにかくその日の最初の出会いが大切だ。機嫌よく、にこやかに挨拶をしよう。それだけで、たいした話題が浮かんでこなくても、コイツとお喋りをしたいという気持が湧いてくると思うのです。笑顔の御利益は少なくても、声をかけやすい人間でいようと決めました。

以前、私の担当だった男性編集者は、どんなに仕事が詰まっているときも、会うとなんだか嬉しそうな顔をする人でした。格別、私との仕事が楽しいわけでもなさそうなのですが、機嫌の悪い顔を見たことがほとんどない。私の原稿が遅くなっても、前回のインタビューがうまくいかなかったなあと私がうなだれているときも、会えばいつも機嫌がいい。でも、じっくり話をしてみると、案外、愚痴と不満が多い人でした。ああいうことをする人の気がしれない、そういうことにはちっとも感動しない。政府はなにをやっているんだろう。けっこうきつい言葉を吐くのです。それなのに、彼と会うとちっとも不安にならないし、不快感も生まれないのは、会った途端の顔が、いつもにこやかだったからだと思います。

31 健康に感謝。仕事に感謝

私の座右の銘は聖書の一節

私の座右の銘は「いつも喜んでいなさい」という言葉です。

これは、聖書の片隅に記されていたものです。たしか新約聖書、テサロニケの信徒への手紙一の一節です。

――いつも喜んでいなさい。絶えず祈りなさい。どんなことにも感謝しなさい。

中学高校をキリスト教系の女子校に通っていて、私自身はクリスチャンではありませんが、毎朝、礼拝があり、聖書を読んだり讃美歌を歌ったりするのは日課になっていたのです。卒業が間近になり、ちょうど卒業アルバムを作っているときでした。生徒一人ひとりが、自分の顔写真の横に、「座右の銘」を書き残すことになりました。座右の銘ねえ、なんだろう。わかんないなあ。そう思いつつ、手元にあった聖書をパラパラめくってみたとき、この言葉に出合いました。絶えず祈るのは難しい。どんなことにも感謝しろと言われても、できないかも。でも、いつも喜んでいなさいという言葉なら、なんとなく実行できそうな気がしたまでです。そのときは深く考えて、この言葉を「座右の銘」にしたわけではありませんでした。

ところが、そのはるかのち、三十歳を目前にして社会に出て仕事を始め、たくさんの人に会い、叱られたり泣いたり文句を言ったりしながら生きていくうちに、ふと思い出したのです。

いつも喜んでいなさい。いい言葉だ。

どんなにイヤだと思う仕事でも、できないと嘆くことがあっても、なんでこんなことをしなきゃいけないのかと腹が立ったときも、それでも「いつも喜んでいよう」という気持さえあれば、なんとかなりそうな気がしたのです。

本質的には文句が多くて、カッとしやすくて、眉間に皺《しわ》を寄せていることの多い私ではありますが、そういう悪い方向に気持が向かい始めたら、急いで自分に言い聞かせます。

「ほら、いつも喜んでいなさい！」ってね。そして、どんなことにも、とまではいきませんが、感謝感謝！　健康に感謝。仕事に感謝。関わってくださるすべての人に感謝、ですね。

オジサン族は概して愛想がない

そうは言っても、オジサン族と呼ばれる人々は、概して言葉が少ない上、憮然とした顔をしていますよね。「男は黙って○○ビール」の精神がまだ深く身体に染み込んでいるせいか、「不器用なんで……」とおっしゃった高倉健さんがあまりにもカッコ良すぎたせいなのか。自分にとって利となる相手……お得意さんやお客様、上司やクライアントに対しては、相好崩して誠意を尽くして、言葉と態度を捧げまくるのでしょうが、そういう人が電車に乗ったりエレベーターに乗ったりすると、たちまち無愛想この上なくなられる。家に帰っても、できるだけ口をききたくないオーラを発してバリアを張り、奥様の話を頭の上でやり過ごそうとなさる。

そんな静かなる殿方を見かけると、私は思います。

ああ、気の毒に。愛想貯金を会社で使い果たしちゃったんだろうなあと。

32　女はお喋り、男は無口

不可解な病、それは夫源病

『転職――会社を辞めて気づくこと』（講談社）を書かれた経済小説家の高任《たかとう》和夫さんによれば、こんな面白い話がありました。

高任さんは小説家になる前、三井物産に勤めるサラリーマンでした。五十歳を機に会社を辞めて専業小説家を志した。つまり、毎日、朝早くに家を出て、夜遅くまで帰って来ない生活を長年続けていた高任さんが、一日中、ウチにいるようになったのです。すると、いろいろな問題が起こり始めます。自分の体調や生活リズムが変わるだけでなく、奥様の生活リズムも変わっていく。そのことを「面白い」と感じた高任さんは、中途退社した人やリストラされて転職を余儀なくされた人などを地道に取材して、どんなことが起きるのかをまとめられたのです。

わかったことの一つは、どうも亭主が一日中、ウチにいると奥さんは身体の具合が悪くなるということ。つまり夫源病《ふげんびょう》です。高任さんがこの本を書かれた一九九八年頃には、まだ夫源病という名前もなかったと思われます。なぜか具合が悪い、めまいがする、食欲が落ちる……、そんな不可解な病に悩まされ、どこの病院へ行っても「検査の結果はどこも悪くないですよ」と言われるような不調を抱え、妻は苦しむようになります。その原因が夫にあるということが最終的にわかるのですが（ちなみに高任さんの奥様は夫源病にはならなかったようです）、その実情を知った高任さんも、これは他人事ではないと思い、奥様に迷惑にならぬよう、執筆の合間になるべくゆっくり散歩に出かける習慣をつけたという。

お喋りはストレス解消

さて、ここからが本題です。高任さんは家を出て、散歩を始めます。いつも通る路地で近所のご夫人たちが三、四人、輪になってお喋りに興じているのを横目にしながら一時間ほど歩き回り、そしてまた同じ路地の横に戻ってくると、さっきと同じご夫人たちはまだお喋りに夢中になっている。高任さんは驚きました。よくそんなに喋ることがあるものだ。しかもいかにも楽しげではないですか。どうしてそんなに楽しそうに延々と喋れるのだろう。女性の喋る力はすさまじいと思うのです。

そのことを家に帰って奥様に話しました。すると奥様は、

「お喋りは女にとってストレス解消になるからね」

「そうか。女性はいいねえ。喋ればストレスが発散できるんだから」

「男の人も喋ればいいじゃないの」

奥様にそう言われても、男子たるもの、余計なことは喋るなと、会社員時代、きつく教育されてきたので、そんなことはできないと返します。すると奥様、

「男の人だってお酒飲んでストレス解消してるでしょ？」

いやいや。酒でストレスは発散できないんだよ。部下と飲めば、仕事の愚痴や相談を持ち掛けられるし、上司と飲めば文句を言われるし。とうていストレス解消にはなりませんと、高任さんはおっしゃったようです。

私はそのくだりを読んで、驚きました。そうか、組織に勤める男性諸氏は（今は女性たちもそうでしょうが）、「余計なことは喋るな」と教育されていたのか。だからこそ、会社のために言葉を使うことには懸命になるけれど、普段はできるだけ黙ってい

ようという癖がついているのかもしれません。

33　末っ子の処世術

阿川家のけたたましい食卓

我が阿川家には組織に勤めた経験のある男子が長らくおりませんでした。（今は弟たちが会社勤めをしておりますが）そのせいでしょうか。組織での「男は余計な口を利くな」教育を受けたことがなかったと思われます。そしてそもそも、遺伝子的にお喋りな一族なのでしょう。

『聞く力』を出したとき、中学時代からの友だちに言われました。

「アガワ、この本を読んだほうがいいわよ。役に立つよ」

それほどに、私のことをよく知る友人は、私に「聞く力」なんかあるわけないと思っていた。それどころか、「いつも喋り続けているアガワ」という印象のほうが強かったのです。

本を買ってくださった方に、こんな質問をされたこともあります。

「聞く能力はご家庭で養われたのですか？」

私は即座に否定しました。

「とんでもない。ウチは家族全員が、誰も人の話を聞いていません。どこで自分の話をするか、そのタイミングを計ることだけにエネルギーを注いでおります」

兄は幼い頃、父に「チャック！」というあだ名をつけられました。口にチャックをしろという意味です。

弟が二人いますが、上の弟があまりにも喋り続けるので、あるとき私は腹を立てた末、「とにかく五分黙ってよ。五分黙ったらお小遣いを五百円あげるから」と和平交渉に臨みました。たしか弟が中学生の頃だったと思います。すると、

「五分黙れだって？　そんなことしたら僕は死んじゃうよ。僕にとって喋ることは、酸素を吸うことと同じなんだから。魚を陸に上げるようなものだよ」

と反論してきました。

弟ほどではないと思うけれど、私とて、決しておとなしい娘ではありませんでした。誰かが何かを言えば、すぐに反論する。騒ぐ。茶々を入れる。父、怒鳴る。私、泣く。その繰り返しの日々でした。

そんな家族が一堂に会する夕飯どきは、それこそ大騒ぎとなります。

「ご飯、おかわり」

「人に頼まないで、自分でやりなさい。足、あるんでしょ？」

「うまいね、この肉は。醬油、取ってくれ」

「あ、姉ちゃん、お醬油取りに行くついでにご飯つけてきてよ」

「だから自分でやれって言ってるでしょ！」

「おい、日本酒を熱かんにしてくれないか」

「そうだ、電話しなきゃいけないとこがあったんだ」

「食事中に立つな」

「ねえ、母さん。明日学校でさ……」

「そろそろ酒が熱くなりすぎてるんじゃないか？」

「このポテトサラダ、ぜんぶ食べちゃっていい？」

「ダメよ。私、まだ一口も食べてないんだから」

これを一家団欒の平和な光景と言えるでしょうか。


ここに父の原稿を取りにいらした編集者の方が加わることもありました。

「この合鴨、おいしいですねえ」

編集者のKさんが家族の会話の間をかいくぐって発言なさいます。が、

「僕、牛乳を飲もうっと」

「冷蔵庫に入ってるから自分で出してきなさい」

「合鴨はうまいんですよ、Kさん。もう一枚いかがですか」

「牛乳、冷蔵庫に見当たらないよ」

「あるってば。よく探しなさいよ」

「おい、この合鴨には赤ワインが合うかな。おい、Kさんに赤ワインを出して差し上げたらどうだ？」

「赤ワイン？　ありましたっけ？」

「あっただろう。この間買ったチリワインが！」

「やだ、合鴨がない！　私、まだ一切れしか食べてないのに」

「牛乳、あったあ」

「じゃ、焼いてきなさい。まだ焼いてない合鴨あるから」

「兄ちゃん、僕も牛乳欲しい」

　すると突然、Ｋさんが発言なさったのです。

「ほほお、合鴨は牛乳を飲んで育つんですか」

　もともと宮崎出身のＫさんは、ほのぼのとした性格の方だと存じてはいましたが、阿川家の家族の会話があまりにも激しかったせいで、どうやら混乱なさったようです。Ｋさんのその言葉を聞いて、兄も弟も私も笑いをこらえきれなくなり、席を立ち、台所に隠れて笑い転げたのを覚えています。

　父はよく、呟いておりました。

「生涯に一度でいいから、静かに晩飯を食いたいもんだ」

しかしそう言う父とて、決して無口とは言えなかったのです。

家族で比較的、静かだったのは、母と下の弟でした。兄たちと姉の多弁に埋もれて、いつも黙々と食事をし、「ごちそうさまあ」と静かに言うと、静かに食卓を去っていく。そんな末の弟の様子を見ていた父があるとき母に問いました。

「あいつ、大丈夫か？　あんなに口数が少なくて、もしかして病気なんじゃないのか？」

「さあ、そんなことはないと思いますけど」

「一度、学校の先生に聞いてきたらどうだ」

「そうですねえ」

こうして母は弟の小学校の担任の先生のところへ行き、コトの事情を話したところ、担任の先生がおっしゃったそうです。

「いや、阿川君はクラスの中ではいちばん喋ってますよ」

下の弟は、お喋り過ぎる家族に囲まれて、喋る暇がなかったようです。

末っ子に特有の能力

私と十九離れたその弟は、父が五十一歳のときに生まれた末っ子です。当時は、「もしかして佐和子の子供を引き取ったのか」と父の悪友たちに揶揄されていましたが、父にとってはまさに青天の霹靂のごとくに現れた宝物だったのです。

その弟を見ていると、つくづく末っ子は賢いと思います。賢く、そして可愛げがある。現に父は、一人娘の私とは数え切れないほどの衝突を繰り返したのに、末の弟と激しい喧嘩をした様子はほとんどない。

父が亡くなったあと、その弟に試しに聞いてみたのです。

「ねえ、あんたは父ちゃんに怒られた記憶があるの？」

すると弟はしばし首を傾げてから、

「うーん。本気で怒られたのは、二回くらいかな」

げげ。私は父との六十数年の関係において、二回しか褒められたことがないぞ。この差はなんだ！　思わず嫉妬したくなりました。

でも、弟はおそらく「自分だけが贔屓《ひいき》されていた」とは言われたくないのだと思います。

「末っ子には末っ子の悩みってもんがあったんだよ。親が高齢だから、僕が大人になる前に死んだらどうしようとか、いろいろ悩んだこともある。その頃、姉ちゃんたちはもう家を出ていたでしょ。一人で抱えていたこともあったよ」

静かに反論するところを見ると、たしかにきょうだいとは、それぞれに立場や順番によって、親との関係を独自に築き、経験し、乗り越えていくのだと実感します。

それにしても、どうして末っ子の弟は父とそれほど衝突せずに、この乱世の阿川家ですくすく育つことができたのか。

もともとの性格が、私や他の兄弟と違い、人の気持を逆なでしたり無駄に反抗したりしない傾向があるのは認めます。でもそれだけではない。きっと上のきょうだいのトラブルを幼い頃からじっと観察し、「あんなことを言ったら父さんは怒るだろうな」「あんなことをしたら、また揉めるに決まってるのに」と一つずつ心のメモに記していたのではないかと思うのです。そしてそれらを人知れず蓄積していき、それこそ独自の末っ子処世術を、身につけていったとしか考えられないのです。

たとえば、麻雀の約束が成立し、父がルンルンと出かける支度を始めたとき、

「え、麻雀に行くの？」

私が父に聞くと、

「悪いか！」

食ってかかるように言い返してきます。

ところが末の弟が私と同じように、

「父さん、麻雀？」

そう聞くと、

「そうなんだよ。勝ったらお前にお小遣いやろうな」

なんという差だ！　でもきっと私の言葉にはトゲがあったのでしょう。それに比べて弟の声には優しさが含まれています。それを勘の良い父は察知したのだと思われます、悔しいけど。

井上順、長嶋茂雄、モーツァルト

弟のそんな言動を見ているうち、私は末っ子というものに興味を抱くようになりました。というのも、インタビューをしていて、末っ子という人たちがいかに周囲の人間に愛されて、上手に甘えて仕事の成果を上げているか、そういうケースが多いことに気づいたのです。

もちろん責任感の強い長男長女で立派な人もたくさんいらっしゃいます。伊集院静さんは典型的な長男気質だと見ております。自分の家族だけでなく、親しい人や尊敬する人が窮地に陥ると、すぐに飛んでいって守ろうとなさる兄貴分的逞しさを何度も発揮してこられた。

きょうだいに挟まれて、次男坊や三女、四男として育ち、成功を収めている人だって少なくありません。でも、それにしても末っ子は特異な立場です。他のきょうだいには見られない冷静な観察眼と、同時に決してわざとらしくない天性の愛らしさを兼ね備えているように思うのです。

元ザ・スパイダースの井上順さんにお話を伺ったことがあります。井上さんは渋谷のお金持ちの家に、それこそ歳の離れた末っ子として生まれ育ち、十三歳にして、夢多き若者たちが作ったサークル「六本木野獣会」のメンバーに加わって、六本木をうろつき回っていらしたという。といってもお話を伺うと、不良の匂いはちっともなく、ひたすら新しくて面白い文化を求めて、目をきらきら輝かせながら冒険していた少年のような印象です。そんなチャンスに恵まれたきっかけは、井上さんの四つ歳上だった峰岸徹さんの影響が大きかったらしい。峰岸さんは井上さんを遊びに連れ回し、帰りが遅くなると、「順、ウチに泊まってけ」と言ってくださったとか。

井上　（峰岸さんは）日本橋浜町の料亭のお坊ちゃまだったから、豪気な人で、カッコよかった。……（家に）うかがうと、ご家族や芸者さんまでが歓待してくれるんですよ。

阿川　遊びを覚えるのが早すぎない？（笑）

井上　ある時、トンちゃん（峰岸徹）に「大人の男として見てもらうにはどうしたらいいかな」って聞いたことがあった。峰岸さんは「やっぱりスーツをバリッと着こなして一人前だろうな」って言うから、野獣会にいたテーラーの跡取り息子に相談したら「よし、俺が作ってやる」って言ってくれたんで、十五歳の時に初めてオーダーでスーツを作ってもらったこともあった。

そんな夢のようなことがあるかいな。当時は世の中が大らかだったのか、はたままわりがお金持ちだらけだったのか。いやいや、やはり井上順さんのお人柄と、「なぜか面倒みたくなる」という末っ子オーラのなせる業ではないかと思うのです。

その後、井上さんは田邊昭知さんや堺正章さん、かまやつひろしさんたちとスパイダースというバンドを組み、そこでまた末っ子のポジションにつくこととなります。家族の中で末っ子、野獣会でも末っ子、そしてスパイダースでも末っ子を通してきた井上さんは、きっといちばん下の苦い経験もたくさんなさったにちがいない。でもそんな卑屈な影は一ミリたりとも見せることなく、いつもご機嫌。常にポジティブ。七十半ばを過ぎた今でも、「諸先輩方を見ていると、すごく苦労なさっているから、そういう立場にならずにすんで、良かったって思う」とのこと。やはりここにも柔らかく鋭い観察眼が潜んでいるように感じます。

私がお会いした人々の中にも、思えばあの人も末っ子、この人も末っ子だったたか、なるほどね、と気づく人はたくさんいらっしゃいます。

長嶋茂雄監督は兄一人、姉二人の四人きょうだいの末っ子。

甲斐よしひろさんも、四人兄弟の四男坊。

ふかわりょうさんも、三人兄弟の末っ子。

お会いしたことはないけれど、モーツァルトも七番目の末っ子です。

ほらね、なんとなく共通点がありそうな気がしませんか。

もちろん、すべての末っ子がポジティブで甘え上手で屈託がないとは言いませんが、しかし、常に上の動向を意識して、そこから学び、徳を得て、その上で自らの能力を探って伸ばしながら生き続けている人は、いくつになっても「自分がようやく人の上に立った」という驕りを抱かないのではないかと思うのです。それを「頼りない」と評するか、誰に対しても「人なつこい」と感じるかは自由でありますが、この末っ子の特性を借りて人に近づいてみれば、やはり「誰にでも愛される存在」の価値が見えてくるような気がします。そして、この末っ子気質こそ、「他人の言葉をよく聞いて、その中から会話のヒントを得る」という日本人特有の話のコツにも通じるものがあると思うのです。

ちなみに私は兄一人、弟二人の間に挟まれた長女です。ところが小さい頃から人には、「もしかして末っ子?」とか「一人っ子?」と聞かれることが多くありました。その頃、末っ子や一人っ子の評価は概して低く、私自身も、「そんなわがままな子供に見えるのか」と拗ねておりました。

「違います! いちばん上ではないけれど、長女です!」

そう言って抵抗していました。そうしたらあるとき、大人になってからのことですが、

「君が末っ子や一人っ子に見えるのは、八年間末っ子の経験をしているせいだよ」

そう言った人がいてハッとしました。なるほどそうか。上の弟は私が八歳のときに生まれました。だから、弟が生まれるまで、私は末っ子だったことになります。子供時代の八年間の影響は小さくない。その八年間、私は兄の陰に隠れ、母に見守られ、父の脅威をできるだけ浴びることのないよう、天真爛漫に生きてこられたのです。初めて子供だけで電車やバスに乗ったとき、初めて図書館に行ったとき、初めて歯医者さんに行ったとき、いつもそばに兄がいて、兄のうしろについていれば怖いことは何もないと信じておりました。その八年間の甘え体質が、どうやら痕跡として身体に染みついているらしい。

その後、もちろん怖い父の爆弾を何度も浴びたり、弟たちの世話をしなければならなかったりと、長女の務めもたくさん果たした気がするのですが、どこかで「人に頼って生きていたい」という本質的な性格がときどき顔を覗かせます。

末っ子の優れた部分（素直、大らか、冷静など）は踏襲していないけれど、末っ子の弱点はわかります。いくつになっても、たとえ相手が歳下であろうとも、「ねえねえ助けて」と言いたくなる気質は、どうやら死ぬまで続くような気がします。

34　オジサン上司の心をつかむには

何でもいいから褒める

さて、阿川家は別格として、やはり一般的に男性は、ことにオジサンたちはさほどお喋りが得意ではないとお見受けします。それがたとえ自分の毎日通う仕事場であったとしても。

私の親しい編集嬢が、勤めている出版社の編集部で上司のオジサン相手に悪戦苦闘していた時期があったと話してくれました。話し合おうとするのですが、なかなか無愛想なオジサン上司と上手にコミュニケーションが取れなくて、常日頃より悩んでいたというのです。

「そしたらね。新入社員の女の子が、どうも上司のオジサンたちと仲良く話しているんですよ。どうしてあんなに笑い声が上がったり仲良さそうに話したりできるんだろうと思って、その新入社員の女の子を給湯室に呼んで、聞いたんです」

「へえ」

「どうやってオジサン上司たちの心をつかんだのって」

「そしたら？」

「そしたら彼女、『簡単ですよぉ。褒めりゃいいんです』って言うの。褒めるって、何を褒めるわけ？　って聞いたら、『何でもいいんですよぉ、ネクタイとか靴とか。こないだ○○さんが書いた原稿、すっごく面白かったですよとか』って」

「褒めるわけ？」

「そう。『そうすれば、オジサンたちはだいたい機嫌良くなって、親切にしてくれますよ』って」

へえええええと、彼女は仰天したそうです。いったい自分が今までどれほど苦労してきたのかと思うと、ただ褒めるだけでオジサンの心をつかんでしまった新人に嫉妬すら覚えたと言っておりました。

人を褒めることは、たしかに大事です。褒められて悪い気分になる人はいないでしょう。少なくとも私は叱られるより褒められるほうが好きです。でも世の中には、「俺は他人の褒め言葉は信じない！」なんて豪語している人もいます。「僕は叩かれて育つタイプなんです」と言っていたテレビディレクターがいたのを思い出します。でも、そんな人だって、褒められた途端に、「あああ、やめてくれー」と怒り出すことはないでしょう、たぶん。

「合コンさしすせそ」の項でも書きましたが、わざとらしくない程度に相手を褒めれば、どれほど歳上の人だって嬉しいに決まっています。

辛口コラムで有名だった山本夏彦さんに、編集者のY君が相談を持ち掛けたそうです。Y君は、作家とどういうふうに言葉を交わして、うまくつき合えばいいのかわからず、途方に暮れていた時期だったようです。

「優秀な編集者になるためには、何をすればいいのでしょうか」

Y君が訊ねると、山本さんは、あっけらかんとおっしゃったそうです。

「簡単だよ。作家を褒めなさい。褒めればいいんだよ」

重鎮と思っていた山本夏彦さんから、そんな言葉が出てくるとは……。Y君は驚きました。そして、どんなに立派な文章書きと言われるようになっても、内心では、「こんな文章でよかったのかな」「誰も面白いと思わないかもしれない」といった不安を抱えていることを知ったのです。

文章書きに限りません。いくつになっても、どんな地位に就こうとも、「どうだったかな、自分の仕事ぶりは」と秘かにドキドキしている。そういう人こそ、唯我独尊にならず、人の話に耳を傾ける大きな心を持っているのだと思います。

〈声かけヒント4〉

気持良く会話をしたいと望むなら、いつも喜んでいなさい、いつも機嫌良くしていなさい。そう前述しましたが、ニコニコ笑っていればいいというものでもない場合があります。

山形県かみのやま温泉の宿「古窯《こよう》」の女将、佐藤洋詩恵《よしえ》さんに教えられました。まだ女将さんが新米だった頃、宿に到着されるお客様は、常に明るく優しくニコニコとお出迎えすることが大事だと信じていたそうです。

「いらっしゃいませ」

「ようこそお出ましくださいました」

満面に笑みを浮かべ、声も高らかに駆け寄って、荷物を引き取り、館内へご案内する。そう心がけていたところ、あるとき、一人の老紳士が到着されました。いつものように声たかだかに笑顔でお迎えしたところ、その方がおっしゃったそうです。

「そんなにニコニコされても、僕は今、その笑顔に応えられるような気分じゃないんだよ」

何の理由かはわかりませんが、そのお客様は心が沈んでいらした。そんなことも理解せず、ただ笑顔の押し売りをすればお客様は喜んでくださると信じていたことを深く反省したと、女将さんは話してくださいました。

笑顔は大事だけれど、その前に相手の心の内を察してサービスをする。これがまことのサービスというものだと教えてくれたのです。

その教えは今でも私の心に留まっています。人と対する際、機嫌悪くするよりも、機嫌良く対応するに越したことはないけれど、ただ一方的にルンルンランランしていたら、却って先方の気分が落ち込むこともあります。とはいえ、相手の気持を完璧に理解するのは不可能です。わかるわけがない。

だからできるだけ察する。察することは大事です。

今、どんな気持だろう。きっとお疲れなんだな。もしかして悲しいことでもあったのかしら。今はそっとしておこう。


先日、親しい友だちが身体の具合を悪くしたことがわかり、私はちょっと暗い気持になっていました。でも、ちょうどそのとき明るい場所に行かねばならない用事がありました。明るい集まりで、自分の暗い話を吐露するのも不似合いです。できるだけ明るく振る舞おう。そう思っていたのですが、

「あら、アガワさん、久しぶり」

久々に知り合いの女性にお会いしました。すると、

「どうしたの？　なんか悲しそうな顔してる？」

そう聞かれたのです。でも私は説明できませんでした。そんな私の様子を見て、「いいのいいの。話さなくていいのよ」と、彼女は私をハグしてくれました。そのときの、なんと嬉しかったことでしょう。思わず涙が流れそうになりました。

何も聞かずとも、相手の心に寄り添って、察することに集中すれば、それだけでたっぷり会話をしたときと同じほど理解し合えることがあるのですね。

〈声かけヒント5〉

両親の法要があり、久しぶりに親族一同がお寺に集まりました。お葬式や法事に行くといつも思うことがあります。もちろん故人を偲ぶために足を運ぶわけではありますが、久しぶりに会う親戚や旧友の顔を見て、思わず顔がほころんでしまいます。そんなとき、「不謹慎かしら」と思うと同時に、「故人がみんなを集めてくれたんだなあ」と感じるのです。

ただ、久しぶりに会ったりさほどよく知らない親戚だったりすると、会釈ぐらいで済ませてしまいがちです。今、何年生？　どこにお勤め？　なにをしてるの？　なんて思いつつ、言葉をかけるタイミングをつかめないまま、つい親しい人だけで話をして帰ってくるなんてことがあります。

今回もそうなりそうでした。お坊様にお経をあげていただき、墓にお参りをし、本堂に戻ってきて軽食をともにし、あまり長居をするのもお寺にご迷惑がかかるから、そろそろ解散か……と思ったとき、アメリカ在住の上の弟が、提案したのです。

「僕、久々にみんなと会ったし、めったにこんなに集まることはないんだから、もう少しお喋りしたいんだけど。でも時間がないからね。一人一分スピーチをすることにしない？」

こうして一人ずつ、幼い子供も全員が一分間、自己紹介や近況報告や故人との思い出を語ることになりました。

これはいいアイディアでした。言い出しっぺの弟が時計を睨みつつ、そろそろタイムリミットという頃になると、秒数をカウントダウンして、「長いぞ長いぞ」

とみんながヤジを飛ばし、この間まで小学生だと思っていた甥が立派に就職先が決まったと聞いて「へええ、立派になったわねえ」と口々に囁き合い、実に簡潔かつ中身の濃い交流会となりました。

日本人はスピーチが苦手と書きましたが、代表者だけでなく、こんなふうに全員が平等に短めのスピーチをしてみると、それぞれの個性が出て面白い上に、人のスピーチを聞きながら、自分の番が回ってきたらどんな話をしようかと参考にする楽しみも湧いてきます。十人以上の集まりのときなどに試してみてください。いい集いだったなあと帰り道に心がほっこりしますよ、きっと。

Ⅳ　上手な話と良い日本語

35　私が最も話上手と思った人

相手に合わせた平易な言葉

今まで私がお会いした中で、最も話上手と思った人は、惑星科学者の松井孝典《たかふみ》さんです。初めてお会いしたのは、もはや四十年ほど昔に遡ります。当時私は、『情報デスクＴｏｄａｙ』という番組でアシスタントを務めておりました。ちょうどハレー彗星が七十六年ぶりに地球に接近するというので、日本中が大騒ぎになっていた一九八六年だったと記憶しています。

急遽、ハレー彗星について番組で取り上げることになりました。そこで専門家をお招きし、生放送の番組の中で解説していただこうと企画したのですが、なかなかご都合のいいゲストが見つからない。ようやく休暇でご家族と保養地へ行っていらした松井さんと連絡がつき、その番組の時間だけ東京へ戻ってきていただく手立てをしたのです。

カジュアルな服装でテレビ局に駆けつけてくださった松井さんと、事前の打ち合わせをしなければなりません。私もその場に同席しました。松井さんはハレー彗星について解説してくださいます。ふんふん、なるほど。でも限られた生放送の時間内に語っていただくためには、それほど緻密で詳しいお話をしていただくわけにはいきません。とはいえ、専門家である松井さんも、いい加減な話はしたくないと思っていらしたはずです。

その打ち合わせの終わり頃、私は大胆にも質問を投げかけました。

「そもそも、彗星と惑星と恒星って、どう違うんですか？」

松井さんは一瞬、黙られました。そしておもむろに、

「ああ、そこから話をしなきゃならないのか」

ひと言を吐き、あとは了解したとばかり、スタジオに向かわれました。

そして本番中、実にわかりやすく、基本的知識のない私でもワクワクするようなハレー彗星の話をたくさんしてくださいました。何が面白かったたって？　そういうこと

は聞かないで。とにかくわかりやすかったのは事実です。

そして私は合点しました。本当に頭がいい人というのは、相手に合わせて平易な言葉で話ができる方のことを言うんだな。無駄に難しい言葉を使ったり、専門用語を持ち出したりする人の話が、どうしてわかりにくいのかと言うと、きっと本人もちゃんと理解していないからなんだな。ハレー彗星についてより、そちらに感動したのをよく覚えております。

二〇二三年の春、松井さんは大好きな宇宙へ旅立ってしまわれました。もう一度お会いして、また同じ質問をしたかった。

「そもそも彗星と惑星と恒星の違いって、なんですか?」

松井さんは、「まだわかってないの?」ときっと呆れて豪快に笑われたことでしょう。

36 専門用語で逃げるな

「大気が不安定って、何だ？」

その『情報デスクＴｏｄａｙ』という番組のメインキャスターは、前にも触れたように秋元秀雄さんという方でした。私にとってその番組がレギュラーの仕事としてはデビューになります。だからというのもナンですが、何にもわかっていなかったのです。番組の仕組みどころか、政治も経済も、取材の仕方もマイクの前で何を話せばいいか、どんな顔をすればいいのかも、何もかも。

そんなシロウトの私に秋元さんは、「天気予報のコーナーを担当して勉強しろ」とおっしゃいました。当時は気象予報士の資格をとらずとも、新人アナウンサーは誰もが天気予報コーナーで修業を積むことができたのです。

私は毎日、気象協会というところに電話をし、「全国の概況」とか「天気図」などをＦＡＸで送ってもらい、それらの情報を総合して、自分が担当しているほぼ一分半の天気コーナー用の原稿を書くようになりました。

原稿をまとめると、ストップウォッチ片手に声に出して読んでみます。よし、一分半でちょうど収まるぞ。と安心したのも束の間。実際に番組が始まると、天気コーナーに与えられた時間が日々、変更されるのです。前のトークコーナーが予定より長引いたり、あるいは突発ニュースが入ったり、でも終了時間は決まっています。どこで時間調整ができるかといえば、天気予報のところだけ。だから日によっては一分半が一分に、あるいは四十秒ほどに縮まることもあります。

そうなると、自分のコーナー直前のコマーシャルタイムの時間を使って原稿の内容を削らなければなりません。

「この話題はカット。全国の概況と、天気予想だけ。気温はカット」なんて具合です。

まあ、そういう臨機応変にコメントを変更させせられるようになることも、新人のおおいなる訓練にはなりました。

ある日、秋元さんが番組前に私に問われました。

「おい、君はよく大気が不安定って言葉を使うが、あれはなんだ?」

「へ?　それは……大気が……安定してないってこと?」

「それはわかっとる!　ちゃんと説明してみなさい」

「ええと、大気大気、大気は大きな空気のかたまり？　あ、空気の大きなかたまりが二つ近づいて、一つは暖かい空気のかたまりで、もう一つは冷たい空気のかたまりで、性格が違うから気が合わなくて、喧嘩を始めるんです。乱闘騒ぎになって、そこらへんの空気がグルグル旋回し始めて、旋回しながら上昇気流に乗って上のほうへ行くと、気圧が低いから、空気が雨雲になって、雨雲から雨が落ちてきて。だから大気が不安定になると、まもなく雨になるってことでしょうかしらん？」

なんとか知恵を絞ってそう応えると、

「そう理解しているなら番組でもそう言いなさい」

いやいや、そんなことを言われても、私に与えられている時間はたったの一分半。

「今日は全国的に大気が不安定。すなわち、暖かい空気と冷たい空気がひとところで衝突し、性格が違うので喧嘩になりまして。なんだよ、お前、出しゃばるなよ、お前こそ生意気だぞ、出て行け、そっちが出て行け、なにぃー、なんて乱闘騒ぎになりまして……」

なんて言っているうちに、コマーシャルの時間になっています。

「それはどうも、できかねます」

怖いボスである秋元さんにもの申すと、「ばかもん！」と叱られます。どうしたものか、本当に困り果てました。

なぜ秋元さんは私に「大気が不安定」という言葉を言い換えろとおっしゃったのか。あとでわかりました。

それは、たいして意味もわかっていないのに、いっちょ前の気分で専門用語を使うものではないという教えだったのです。

たしかに「大気が不安定」とか「西から下り坂」とか「前線の停滞傾向が見られる」なんて言葉を多用するうちに、いっぱしの気象予報士になった気分がします。お前は本当にそれぞれの言葉の意味を理解しているのか。理解しているなら、平易な言葉や喩えで言い換えることができるはず。できないということは、理解していないに等しい。そうおっしゃりたかったのです。まさに松井孝典さんが実践していらしたことそのものだったのです。

これは天気予報の専門用語に限りません。どんな世界にも専門用語や業界用語は存在しますが、そもそも専門用語とは、同じ世界の仲間内で、長い説明抜きに互いにわかり合えるように発生したものです。部外者が使うとすれば、よほどきちんと理解していないうちは、使う権利はない。でもそんな独特の用語を使ってみると、その世界に近づいたような錯覚が起こるのです。そういうことのないような言葉の選び方をしなければならないと、怖いボスの教えを今でも肝に銘じています。

平易な言葉とともに、喩えを使って説明すると、より身近になることがあります。経済問題を説明するとき、野球に喩えて話をすると、俄然わかりやすくなることがあるでしょう。外交問題などは、私は男女のトラブルに喩えると「なるほど、そうかそうか」と合点がいくような気がします。「○○国があんまり○○国と仲良くすると、○○国が嫉妬して、だからこんな輸入規制を始めたんだな」なんていう具合。いかがでしょう。スポーツでも男女でも動物でも食べ物でも、相手の興味のある世界を喩えにして話を進めてみると、理解は早まると思われます。

37　父が教えた正しい日本語と下品な日本語

「日本語を大事にしろ。言葉は文化だぞ」

言葉は文化だ。そう言ったのが誰だかは存じませんが、もの書きであった父はことあるごとに「日本語を大事にしろ。言葉は文化だぞ」と申しておりました。

「絶対」という言葉を子供が使うと、たちまち眉をしかめ、

「お前、絶対ということは世の中に絶対ない。絶対使うな」

と怒っていましたし、私が目上の方と電話で話をしている中で、「とんでもございません」と電話口で言うやいなや、ダッダッダと近づいてきて大声で、

「とんでもございませんという言葉はない。とんでもないと言え！」

いやいや、今、お相手と電話で話している最中なんだから、叱るのはあとにしてくださいよと閉口するのですが、許してくれませんでした。

ちなみに「とんでもない」という言葉はセットであり、その「ない」は否定の「ない」ではない。「はかない」とか「せつない」とかと同じである。「はかない」を丁寧にするときに「はかございません」とは言わんだろう。それと同じで、「とんでもない」を丁寧に言おうとするならば、「とんでもないことでございます」あるいは「とんでもないです」と言いなさい。それが父の理屈でした。

「ら」抜き言葉はもちろんのこと、語尾を「○○でぇ」「○○だからぁ」と伸ばすような若者言葉（当時、私は若者だった）を使っても、「やめてくれ！」とたちまち機嫌を悪くします。「犬にエサをあげる」や「植物に水をあげる」と言っても怒られました。犬には「エサをやる」であり、「お客様にお茶を差し上げる」だと。お客様に向かって「これ、食べますか？」などと言おうものなら、「召し上がりますか？」と言いなさいとその場で叱られました。

そんな家庭環境に育ったなら、家の中での会話はさぞやお上品であっただろうと思われそうですが、否。いないないないバーです。

正しい日本語を使えと口酸っぱく言っていた父が、たしか私が大学生のときだったと思います。

「いいか、お前。簡単に男にこまされるなよ!」

そう発言したのです。私はギョッとしました。こまされる? なんじゃそりゃ。そんなお下品な言葉をお使いになってよろしいのですか、お父様!

すると父は、「ウチは別に士族や華族のお家柄ではない。そういう言葉はいいんだ。しかし日本語は大事にしろ」

なんだかよく理解できませんでしたが、そういうことでありましたので、ある意味、父には正しい日本語と激しく下品な日本語の両方を教えられた気がします。

38　心に響く言葉選び

使い分けができればいい

かつて私立小学校の図書室でアルバイトをしていたことがありました。自由な校風のせいか、生徒たちはいつものびのびと学校で学び、遊び、騒いでおりました。中でも校内で有名な威勢のいい女の子がいて、運動会では騎馬戦で男の子を叩きつぶし、叩きつぶされた男子が泣き出したという逸話もあったほどです。

その子が図書室にやってくると、たしかに迫力があります。

「ねえねえ、遊ぼうぜ」「ダメだよ、お前。私の本なんだから横取りするな！」

私は清々しいとは思いつつも、ちょっと苦言を呈しました。

「そんな乱暴な言葉を使っていいの？　女の子なんだからね」

そう言うと、彼女はケロリと返してきたのです。

「大丈夫。私だってちゃんと使い分けてんだから。丁寧な言葉だって使えるんだよ。心配すんなって」

私は圧倒されました。彼女の言うことは正しい。目が醒めました。

若いうちはなんといっても流行り言葉を使いたいものです。友だち同士、そういう言葉を使うほうがカッコいい時期はまちがいなくあります。でも、その「カッコいい」と思っている言葉や言い方がどこでも通用すると思ってはいけない。つまりは、人や場所や、その場の空気によってきちんと使い分けができればいいのです。

もちろんそのためには、流行り言葉だけでなく、正しい日本語や丁寧な言い回しを身に着けていなければ、一朝一夕には実行できない。でもそれは、さほど難しいことではないのです。普段、感動したときに「エモい！」とか「ヤバイっす」とか使い慣れていたとしても、あ、ここで使うとちょっと場違いだろうなと思ったら、「胸を打たれました」とか「素晴らしいですね」などと言い換えればいいだけのことです。

描写する語彙の乏しさ

自分を含め、最近は描写する語彙が乏しくなってきたと感じます。テレビを観ていると、若者にかぎらず、何かを表現するときに、「めちゃくちゃ」と「すっごい」ぐらいしか強調語はないのか？　と思うほど、それなりの年齢の文化人も学者も、アナウンサーとて頻繁に使っていることに気づきます。そういう私も「すごく」を使う頻度はすっごく多い。もっと語彙を豊かにしなければ、話の内容が軽いものになってしまいます。

私の友だちに……といっても六十代の女性なのですが、とても心の優しい人で、会う人会う人に感動し、その話をよくしてくれます。

「とにかくね、すっごくステキな人なのよ」

「へえ」

「アガワさんも会ったら、すっごく感動すると思う。すっごくいい人。保証するわ」

「どんなところが魅力的なの？」

「どんなとこって、すべてよ。すべてがすっごくすっごく素晴らしいの」

たぶんすっごく素晴らしい人なのだろうとは思うのですが、これではどんなところが素晴らしいのかわからないのです。

人に与える言葉は、心に響きます。心に響く言葉選びを心がければ、どんなに平凡な話でもドラマチックなものに変化させることができるのです。

39　物語性は対話にとって大事

成長ホルモンと一寸法師

喩え話を加えたり言葉の選択に気をつけたりすることと同様に、物語性というものも、人との対話に大事なことだと教えてくれたのは、東大の成長ホルモン専門の教授でした。

その教授は大学で授業を持っていましたが、なかなか学生たちが講義を聞いてくれません。どうしたら学生たちが居眠りをせずに聞いてくれるようになるだろう。悩んだ末に思いついたとおっしゃいます。

実はその教授、少年時代、読書が大好きでたくさんの物語に接するたびに想像の世界を膨らませていたのだそうです。自分が物語に夢中になったように、僕の講義も面白く話せたらいいのになあ。そしてひらめきました。

そうだ、成長ホルモンの話を一寸法師の物語に喩えて話してみよう。

身の丈一寸しかない男の子は、育ててくれた夫婦に別れを告げて、武士になるため京の都へ旅に出ます。お椀を船に、箸を櫂《かい》にして、針を刀代わりに腰につけ、都に着くと立派な屋敷で雇ってもらえることになりました。あるときその家の姫様を連れて宮参りをしていると、鬼が出てきて姫様をさらおうとします。一寸法師は姫様を守るため懸命に戦って、とうとう鬼を追い払います。鬼が落としていった打ち出の小槌《こづち》を振ってみたところ、一寸しかなかった身長がぐんぐん伸びて、立派な青年になりましたとさ。

教授はこの話を成長ホルモンに重ねてみたのです。打ち出の小槌は成長ホルモンです。一寸法師がそれを振ると、ぐんぐん成長します。

もう少し学術的な話になっていたはずですが、ここで私はそれを再現することができません。すみません。とにかくそんなふうに成長ホルモンのしくみを一寸法師の物語に組み込んで講義をしてみたら、学生たちが身を乗り出して面白がってくれたそうです。

気をよくした教授は続いて、専門家が集まる国際学会の席でも、ご自身の研究の成果を一寸法師の物語に喩えて、英語で解説してみました。一寸法師を「ワン・インチ・ボーイ」と名づけ、成長する話をしたのです。案の定、好評を博し、講義が終わるとたくさんの質問が寄せられました。

「でもね、僕の話を聞いていた人たちの興味は圧倒的にワン・インチ・ボーイのその後だったんですよ。『結局、ワン・インチ・ボーイはプリンセスと結ばれてしあわせになったのか。そこが知りたい』って」

教授はその話をしてくださったあと、おっしゃいました。

「物語というものは、人を惹きつける要素に溢れています。科学の世界であろうとも、物語を読むように、『で、次はどうなったの?』『それは悪者? それとも味方?』『どうやって?』という具合に、ドキドキするような話の展開にして語れば、たくさんの人にもっと興味を持ってもらえるはずです」

人と話をするときも、ただ事実を羅列したり、データを披露したり、数字を並べたりするだけでなく、そこにどんな物語があるか想像を膨らませて組み立ててみれば、聞き手の心をつかむことができるような気がします。

40　話の使い回しは落語と同じ

前にも聞いた、前にも書いた

人が話をしているとき、

「あ、その話、前にも聞いた」

そう思うことがあります。そういうときはどうしましょうね。

子供の頃、父の兄である伯父が広島から上京し、ウチでご飯を食べていると、たいてい「前にも聞いた、その話」事件が起きます。そして我が家族は伯父に見えないところでこっそり人差し指と中指を立て、「二回目」と確認し合い、ケラケラ笑い転げておりました。思えば意地悪なことをしたものです。自分が話を繰り返す年頃になると「おおらかに聞いてあげればよかったたな」と反省します。

中村メイコさんがご自宅で話をしながら、ふと不安になり、

「あたし、この話、前にもした？　二回目？」

娘たちにそう問うと、

「二回目じゃないわよ。四回目！」

厳しい娘たちはばっさり母上にそう告げるそうです。


会話だけではありません。原稿を書きながら、「ああ、この話は前にも書いたな」と思うことは多々あります。そういうときは、「以前にも書きましたが」とか「他の本にも書いたとおり」とか前置きをして、ちょっと書き方を変えてみたりします。現に読者の皆様は、「あれ、この話、また書いてるぞ」、「同じネタでまた稼ごうとしているぞ」とお気づきの方もいらっしゃることでしょう。まことに申し訳ない。

そう言っておきながらナンですが、自分でも「また書いている」と気づいて少し落ち込むとき、思い出す言葉があります。

昔、作家の吉行淳之介さんがおっしゃっていたのです。

「人の話を勝手に書いたら盗作と言われるかもしれないけど、自分の話ぐらい盗作させてもらいたいよ。一人の人間が、そんなに面白いエピソードをたくさん持ってるわけじゃないんだから」

ま、私の場合は、インタビューしたゲストのお話をたくさん使い回ししていることが多いので、自分のエピソードだけではないんです。

和田さんの映画オモシロ話

そういう意味で私がもっともたくさん使い回ししているのは、和田誠さんから伺ったお話でしょう。

和田さんはとにかく面白い話題に欠かない方でした。ご本業はイラストレーターでグラフィックデザイナーであり、そして『麻雀放浪記』など数多くの名作を残された映画監督でもありましたが、本質的に映画と映画音楽とミュージカルとジャズが大好きな方でした。一緒にご飯を食べているとき、ふと「ほら、マリリン・モンローが端役で出てた女優物語、なんてタイトルでしたっけ？　ああ、出てこない」なんて誰かが呟くと、間髪を容れず「『イヴの総《すべ》て』ね。一九五一年に日本で公開されたの。主役はベティ・デイヴィスで、物語の最後のほうで新人女優としてチラッと登場するのがマリリン・モンローなんだよね。監督のマンキーウィッツって人はこの映画と前年の『三人の妻への手紙』で、二年連続でアカデミー賞を獲ったんだ。あれはいい映画でしたね」

と、そんな具合で返ってくる。まるで歩く映画事典のような方でした。

たぶん映画事典にもそんなことは書いていないだろうということまでご存じで、今でも忘れられないオモシロエピソードとしては、こんなものがありました。

映画『カサブランカ』（マイケル・カーティス監督、一九四六年公開）は、主演女優はイングリッド・バーグマン、男優がハンフリー・ボガート。映画の中でドーリー・ウィルソンが歌う「時の過ぎゆくままに」も世界中で大ヒットして、ジャズのスタンダード・ナンバーにもなった名曲として知られています。

主演男優にキャスティングされたハンフリー・ボガートは、実のところ絶世の甘いマスクの美男子ではない。それまでは鳴かず飛ばずの役者だったのですが、この映画で認められ、彼の出世作となりました。ただ、ハンフリー・ボガートがキャスティングされる前に、実は他の男優が候補として上がっていたということです。さて、それは誰だったでしょう。

「えー、誰だろう……？」

和田さんのまわりに集まった仲間はそれぞれに頭を巡らせますが、それらしき名前が出てきません。しばしの間を待ったのち、和田さんがニヤリと笑みを見せ、そして語り出します。

「それは、たぶん世界中の人が知っているほどの有名人。でも役者としては有名ではない」

ますます、わからない。いったい誰？

和田さんがおもむろに口を開きます。

「それはね、レーガン大統領」

えええ？　たしかにレーガン大統領が昔、役者だったという話は聞いたことがありました。でもダイコン役者という噂では？

「いや、案外、いい役者だったみたいだよ。『カサブランカ』に抜擢されたぐらいなんだから」

私はこのエピソードをあちこちで披露して、たくさんの人を驚かせ、何度となく楽しませることができました。

その最たるものは、私がちょこっと出演した映画『ニシノユキヒコの恋と冒険』（井口奈己監督・脚本、二〇一四年公開）のワンシーンでのことです。

主演の竹野内豊さんと、なぜか私は喫茶店にて雑談をしなければならなくなりました。お茶を注文するタイミングや台詞はいちおう決められていましたが、雑談の内容についてはまったく脚本に書かれていません。井口監督からは、「映画について好きなようにお喋りしてください」という指示でした。困ったぞ。目の前にイケメン竹野内君がいるだけで、どうしていいかわからないのに、何を話せばいいんじゃ？

そのときふと、和田さんの話を思い出したのです。

「『カサブランカ』って映画、ご存じですか？」

「ええ、知ってます」

「主演男優はハンフリー・ボガート。女優はええと、あ、イングリッド・バーグマン」

「そうでしたね」

「でも実はこの映画で最初にキャスティングされた男優はハンフリー・ボガートではなかったたんですって」

「へえ、知らなかった」

「じゃ、誰だったと思います？」

「ううう。わかんないなあ」

「世界的には有名人だけど、役者としてはそんなに有名じゃない人なの」

そんな具合に私は、まるで友だちに語るがごとく得々とそのエピソードを竹野内さん相手にしたところ、

「はい、カット！　このシーン、終了！」

え、これ、リハーサルじゃなかったの？　と思っているうちに、そのシーンは緊張

する暇もなく終わりました。和田さんのおかげです。

ヘップバーンとハリソン

和田さんの映画オモシロ話はまだあります。

私がなぜミュージカル映画を好きになったかというと、話は小学六年生に遡ります。中学受験を目指して暗い勉強漬けの日々を過ごしていた私に、一日だけ母が休日を作ってくれました。

「映画を観に行ってきなさい」

そこで意気揚々と新宿の映画館へ行きました。たしか一九六五年の冬のこと。ちょうど『マイ・フェア・レディ』が公開中でした。

実は、この映画と同じタイトルのレコードは私が幼い頃からウチにあり、両親が好きで何度もかけていたので、子供だった私もよく耳にしておりました。英語がわからないから歌詞の意味も、ストーリーもぜんぜんわからない。でも、流れる曲を聴きながら「ああ、ここは悲しい場面なのかなあ」とか「ここは男女二人で歌っているからロマンティックな場面だな」とか「オジサンたちがノッてるぞ」とか勝手にいろいろ想像しながらたっぷり聴き込んでいたのです。

だから、映画館が暗くなり、いよいよ映画が始まって、オーバーチュア（序曲）が流れ出した途端、「ああ、知ってる曲だ！」と気づき、「こんな花に溢れた映像と一緒に始まるのか」と驚き、「この曲は花売り娘の歌だったのか」と初めて知ったのです。知ったというか、よく知っていたメロディと場面が一致して、まるで私は確認作業をしているかのように興奮したのでした。

以来、私のもっとも好きな映画はミュージカル、もっとも好きな女優はオードリー・ヘップバーン、もっとも好きな男優はレックス・ハリソンになりました。

そんな思い出を和田さんにお話ししたところ、「知ってる？」と和田さんの映画話が始まりました。

『マイ・フェア・レディ』は映画になる前、ブロードウェイで大ヒットしました。そのときのイライザ役はオードリー・ヘップバーンではなく、ミュージカルの女王、ジュリー・アンドリュースでした。なぜ？　って聞かれると、また話が膨大に長くなりそうなのでここでは割愛いたしますが、さて主演男優は映画同様、レックス・ハリソンでした。

でも当初、レックス・ハリソンは舞台でミュージカルを演じることに抵抗があったようです。もともとレックス・ハリソンはイギリスの舞台役者でした。歌手ではありません。それなのに、まず最初、アメリカからプロデューサーが訪ねてきて、「ミュージカルに出てほしい」と依頼されたのです。『王様と私』の王様役でした。しかしハリソンは断りました。私は舞台役者であり、歌は歌わないと。

そして数年後、またアメリカからミュージカルの依頼が届きました。ハリソンは言いました。

「だから前にも申し上げたように、私は舞台役者であり、歌は歌わないんだってば！」

するとプロデューサーがこう言いました。

「ミスター・ハリソン。もちろん存じております。だから歌わなくてけっこうです。オーケストラが後ろで演奏しますので、その音楽に合わせて、歌詞を芝居の台詞と思って語っていただければけっこうです。いつも通りに」

こうして『マイ・フェア・レディ』のヒギンズ教授は誕生しました。私は舞台は観ておりませんが、映画でハリソンは、見事に歌を語るかのように歌っています。嘘だと思ったらＹｏｕＴｕｂｅかなにかで映画を見直してみてください。メロディに合わせて音程を取っているところはほんの少し。あとは見事に歌詞を語っていることがよくわかると思います。

なんて話を私はあちこちで得意げに喋りまくっております。全部、和田さんからの受け売りですが、何度喋っても、喋っている自分自身が興奮するほど面白い。でしょ？

和田さん考案のカクテル

和田さんの豊かな雑談は映画の世界に限りません。

和田さんはあるカクテルの発案者です。

「別に僕が作ったわけじゃないよ」

きっと和田さんは謙遜なさるでしょうけれど、そこにはこんなエピソードがありました。

和田さんは東京・神宮前の「バー・ラジオ」の常連でいらっしゃいました。カリスマバーテンダーの尾崎浩司さんが一九七二年に開いた店で、当時活躍していたデザイナーや作家、アーティストたちが集う半地下のお洒落なバーでした。その後、セカンド・ラジオ、サード・ラジオと店を広げていきますが、今は表参道にあるサード・ラジオが一軒残るのみとなっています。私も和田さんとお酒を飲むときは、よくラジオを訪れたものです。

さて、和田さんが仲良しのクリエイターたちと足繁く一号店のラジオに通っていらした頃、カクテルを飲みながら、ふと気づきます。

「カクテルの名前って、ハリウッドスターの名を冠したものが多いよね。マレーネ・ディートリッヒとかジンジャー・ロジャースとかハンフリー・ボガートとか。それなのにフランク・シナトラって名前のカクテルはないね」

和田さんはフランク・シナトラが大好きでした。お仲間も同意します。そういえば、そうだね。じゃ、作っちゃえ。

こうして和田さんと仲間たちはバー・ラジオにて、フランク・シナトラのイメージを思い起こしつつ、尾崎バーテンダー氏が「こんな感じ?」と言って差し出すカクテルを一口試飲しては、うーん、もう少し辛口がいいかな、とか、ちょっとパンチが効いてないとか、さんざん感想を交わし、そして「これだ!」と結論の出たカクテルに、フランク・シナトラの名前を与えたのでした。

「だから僕が作ったんじゃなくて、尾崎さんが作ったの」

和田さんはそうおっしゃいますが、その名前を工夫なさったのはまぎれもなく和田さんに違いありません。

「フランシス・アルバート・シナトラ」

カクテルに名づけられたのは、フランク・シナトラの本名です。そんなことを思いつくのは、和田さんかお仲間ぐらいしかいらっしゃらない。

「だってフランク・シナトラってつけたら、ちょっとつまんないって話になったんだよ」

このカクテルはもはやカクテル事典にもちゃんと載っております。試しに私は京都のバーへ行った折、知らぬ顔で注文してみたのです。そうしたら、ちゃんと出てきましたよ。
ほらね、飲みたくなってきたでしょう。お断りしておきますが、これは相当に強いカクテルです。普通、カクテルはベースとなるお酒に果物の果汁やリキュールなどを合わせて混ぜるのですが、フランシス・アルバート・シナトラは、カクテルにしては珍しく、ベースとベースを半々に合わせてできております。
バー・ラジオのカクテルブックの「カクテルレシピ」に、和田さんが描いたフランク・シナトラの似顔絵とともにこう記されております。

ワイルド・ターキー　1／2
タンカレー・ドライ・ジン　1／2
ステアしてカクテル・グラスに注ぐ。

このレシピを見れば、ひええ、強すぎるだろう、と思われるはず。なにしろバーボンとジンを一対一で混ぜたカクテルなのですから。でも、このカクテルで二日酔いにはなりません。保証します。現に私は、このカクテルを三杯飲んで、翌日ケロッとしておりました。ま、四十代半ばの若かりし夜の話ですが。

こうして私は図々しくも和田さんから伺った話をあちこちで吹聴しまくっています。そのせいで、ときどき「その話、前に聞いたよ！」と指摘されます。そうだったっけ。なんとなくそんな気はしていたが、というか、話した記憶はたしかにあっても、誰を相手に話したか、それを忘れてしまうのです。なにしろ私にとってはとっておきのオモシロ話なので、楽しくなるとつい披露したくなっちゃうのです。もしかしたらこの人には以前に話したかな、という疑念が頭をもたげる。そういうときは、
「前に話したかもしれないけど」
軽く断りを入れることにしております。

でも（とすぐ使う）、面白い話は、面白く話せば、相手は何度聞いても飽きないはずです。古典落語なんてそうでしょう。何度聞いても、あるいは他の落語家の話で聞

いた記憶があったとしても、面白ければ、大笑いする。感動する。涙します。

面白くなかったら、「ああ、この長ったらしい話をまた聞かなきゃいけないのか」とげんなりするでしょうけれど、話し方に絶妙なリズムと構成と、心地よい声色が付加されれば、まさに古典落語のように聞き入ることができるはずです。

そのためにも、あちこちで同じ話を何度もすればいいのです。何度もしているうち、しだいに話す技が磨かれていきます。どこで受けるか、どこが退屈か、どれぐらい間を取ってオチを言うか。繰り返し話しているうちにわかってきます。

家族や友人、関わりの深い方々にはまことにご迷惑かもしれませんが、どうか長ーい目と広ーい心で見守って、ときに聞き流していただければ幸いなり。

41 ダジャレを嫌がらないで

ダジャレも繰り返せば技がつく

ダジャレの好きな社長とお会いしたとき、気づいたことがありました。

ゴルフをご一緒して、その方がナイスショットを飛ばしたので、

「ナイスです！」

と手を叩いたら、たいそう嬉しそうに、

「ゴルフ快調、僕、社長！」

ハハハ。ダジャレも快調！　もうすぐ会長！　なんてまた褒めてしまいました。すると、それを機にどうやらエンジンがかかったらしく、ゴルフが終わり、ご飯をご一緒し、帰りの車のなかでまで、次々にダジャレが飛び出すのです。

聞いている私も対抗意識が働いて、いいダジャレがないかと、そればかりを考えるようになったのですが、なかなかいい按配《あんばい》に出てきません。

「よくそんなに次々と出てくるものですね」

感服して申し上げると、それまでずっと寡黙だったもう一人の同伴者の女性が、

「アガワさんが受けるからよ」

そういえば、その女性もその日一日、一緒にいたのに、彼女はたいして反応してい

ませんでした。

「私はもうずっと、この方と長い仲だから、ぜんぜん受けないの。ご家族もぜんぜん受けてあげないらしい。ようやくいいカモが見つかったんですよ」

私はカモだったのか。でもたしかに私は毎回、笑っておりました。だからなおさら、もっと笑わせようと、ダジャレ紳士は張り切ってくださったらしいのです。

「そうなんだ。いつも家族には完璧に無視されてるからね」

ご本人、ちょっと寂しそうに呟かれました。でもダジャレとて、オモシロ話を何度もするのと同じように、何度も繰り返すから技がつくのです。

そう嫌がらず、ときにはご家族も笑って差し上げれば、お父さんは元気になって機嫌が良くなって、よく働いて、家事も手伝ってくれると思いますよ。家族でないから勝手なこと言っておきますけどね。

42　不幸な体験は宝物

不幸話の魅力

話のネタというのは、不幸な内容ほど聞きたくなるものです。「人の不幸は蜜の味」と昔から言うように、「私、酷い目に遭っちゃったの」と告白された途端、「ええぇ、どうしたのよぉ」と同情の声をかけながら、目がキラキラ光り出すのが人の常。あんまり褒められたことではないかもしれませんが、不幸な話はネタとして魅力的であることはたしかです。

だから私は、若い人たちに囁くことにしています。大好きな人に振られたり、勝ちたいと思った試合に負けたり、試験に落ちたり、信頼していた友だちに裏切られたり、いじめに遭ったり、つらくて泣きたくて、ときには死にたいとまで思うほど落ち込んだら、こんなふうになぐさめたい。

「死のうなんて思っちゃダメ！　生きていれば必ず時間が解決してくれます。そして時間が経って立ち直った頃には、つらいと思っていた話が宝物になっているはずです。酷い目に遭ったら、とりあえず泣いて苦しんでわめいて悲しんで、そしてしばらくのち、よっしゃ、宝物をゲットしたぞって思ってみてください」と。

人は他人の不幸話に魅了されます。長生きして、高齢者施設に入ったとき、過去にどれほど酷い目に遭ったかをまわりの人たちに話してみるのはいかがでしょう。たぶん施設のいちばんの人気者になると思います。誰も、「俺はこれほどの実績を積んで、こんなに努力して立派になって金持ちになった」とか「私は素晴らしい人と出会い、素晴らしい人生を送りました」なんて話には興味がないのです。むしろ自虐ネタをオモシロおかしく語ることができたとき、聞き手は同情しながらおおいに笑い、語り手は自分がじゅうぶんに逞しくなっていることに気づくはずです。

不幸を笑いに変えて話す

もっとも、私は「死にたい！」と思うほどつらい経験をした記憶はないのですが、若い頃、専制君主で男尊女卑のかたまりのような父の元で、よく泣いていたことはあります。悲しくてつらくて、夜になると友だちに電話をして（といっても家電話しかない時代です。長電話をしていると、これまた父が癇癪を起こすので、こっそりひそひそ）聞いてもらいます。

「とにかく父は酷すぎる。私の帰りが遅かったと言ってまた父に怒鳴られて。私をかばった母も怒鳴られて。父がとうとうお膳をひっくり返しそうになったんだけど、おかずがもったいないから弟たちと一緒に慌ててお皿を取り上げて。もうイヤだ。こんな家、出て行きたい！」

泣いて訴えると、友だちはゲラゲラ笑うのです。

「お宅って、可笑しいよね」

そして、

「ま、二、三日すれば、収まるんでしょ？」

以前もアガワはそうやって泣いて訴えてきたけれど、数日後には家族は円満になっていたと言うのです。しかも、

「で、明日、どうする？　元町で何食べる？」

なんとあっけらかんとしていることか。私の悲しい話を聞いていなかったんかい？しかもゲラゲラ笑うとは、どういうことでしょう。

たぶんその頃に気づいたのだと思います。私の不幸なんて、他人にはたいしたことはないんだな。それどころか笑い話になるんだ。そして私には、自分の「酷い目にあった話」をいつしか笑いに変える癖がついていたのです。

自分の不幸を笑いに変えて話すとき、相手を笑わせることだけが目的ではなく、きっと自分も救われるのだと思います。これは一種のサバイバル方法だったのでしょうね。

43　認知症の母と話す

最初イライラ、そして受け入れる

そんな横暴な父の元に何十年も仕えてきた母が、八十代に入って少しもの忘れが多くなりました。娘の私としては、おそらく七歳年上の父のほうが早く死ぬだろうから、そのあと、長年我慢を強いられてきた母を解放し、外国旅行に連れて行ったりおいしいものを食べに連れ出したりと、気ままなメリーウィドウ生活を謳歌させてやりたいと、ひそかに企んでおりました。

　ところが母の認知症が先に始まってしまったのです。ショックでした。子供だけでなく父もショックだったようです。認知症といえども、まだ初期だろうと思うので、家族は寄ってたかって、母の脳みその訓練をしようと試みます。計算ドリルを日課に与えたり、脳トレのキットを買ってきたり、忘れかけたら何度も言い直すよう指示したり。でも認知症は進行することはあっても、回復させることは、今の医療のレベルでは不可能だとお医者様に言明されてしまいます。

　しかたがないと思いつつ、介護する側も、なんでさっき言ったことをそんなに簡単に忘れてしまうのか、なぜ覚えられないのかとイライラして、つい母を叱りつけます。母にしてみれば、なぜ家族が急に自分にきつく当たるようになったのか理解できず、母の精神状態も不安定になり、喧嘩や言い争いが繰り返されました。しばらくそんな状態が続いたのち、気がついたのです。

　そうか。昔の母を取り戻そうと足掻《あが》いても無理なのだ。だったら今の母と楽しく笑える毎日を過ごすほうが、双方がしあわせになれるのではないか。残る命がどれほどのものかわからないけれど、こうして簡単に忘れながらも母は機嫌良く生きているのだから、そのことに感謝しなければ。

そう思い至ってからは、なるべく（ときにはイライラしましたけれど）母の繰り返す話や、突拍子もない発言を、そのまま素直に受け入れることにしたのです。たとえば、夕方、デイサービスに母を迎えに行き、スタッフと手を振って別れたあと、母に訊ねます。

「今日はなにしてたの？」

「今日？　ずっとウチにいていろいろ忙しかったわ」

「ウチにいた？　今までデイサービスにいたんだよ」

「いいえ、ずっとウチにいましたよ」

そうか、そうだったのか。そこで訂正しようとしない。

「へえ。じゃ、ウチでなにしてたの？」

「ウチで？　いろいろ」

平然と応える母の脳の中はどうなっているのか。想像しただけで興味が湧いてきます。

あるいは、私がご飯を作って食べさせると、

「あら、おいしい」

小さな小鉢に入ったオクラの惣菜に喜んでくれました。

「よかった。それは何の野菜でしょう」

一応、テストしてみます。母は、

「ん？　わかんない」

「それはオクラ」

「なんだ、オクラなら知ってるわよ」

そして私が他の料理を作りに台所へ戻るとまもなく、「あら、おいしい」という声。

今度はなにに喜んでくれたのかと思って確認に行くと、同じオクラの小鉢を手にしている。

「それはなんの野菜だったっけ？」

また聞くと、「ん？　わかんない」

こういうことを何度も繰り返したのち、私は笑いながら聞きました。

「母さんは、何でも忘れちゃうんだねえ」

すると、意外にも母がムッとした顔をしました。

「覚えていることだってあるもん」

そうか、じゃ、何を覚えているの？　そう聞くと、

「なにを覚えているか、今、ちょっと忘れた」

なんと見事なトンチ返し。あんなに父に酷い目に遭ったのに、母はつらい過去を引きずることもなく、呆けてなおさらトンチがきくようになりました。


そんな関係を続けるうち、今度はときどき、

「あら、さっきここにいた赤ん坊、どこへ行ったの？」

どうやら幻影を見るようになった。赤ん坊なんて、ウチにいるわけないじゃない。

そう否定すればそれで済むかもしれません。でも私たち介護チーム（兄弟知人）は、そういう反応をしないようにしました。真実を伝えたところで、すぐに忘れてしまうし、もとより今の母に真実を伝えることにどんな意味があるのでしょう。それより母の感情が安らかで、いつもウキウキしていることのほうがよほど大切です。

「ああ、赤ん坊？　お母さんがさっき連れて帰ったから大丈夫」

「今ね、二階で寝かせているから心配ないわよ」

そんなつくり話をさかんにするようになりました。

真実なんてどうでも良い

これは私だけでなく、女優の藤真利子さんも実践していらしたようです。藤さんのお母様も認知症になり、娘の真利子さんが世話をなさったそうです。あるときお母様が、「私は女優よ」と言い出した。いえいえ、女優は私、お母さんは女優じゃないでしょと、真利子さんは否定しませんでした。かわりに、

「あら、女優だったの？　今、何の映画を撮ってるの？」

「恋愛映画」

「まあステキ。相手役はどなた？」

そんなふうに話を広げていき、そして、

「女優さんならきれいにしておかなきゃね。明日、美容院に行きましょう」

さりげなく外へ連れ出すきっかけを作られた。お見事です！

こうして私も藤真利子さんも、なんとなくですけれど、話がかみ合わない関係であっても、相手の思っていることや言いたいことにそのまま乗る！　乗った上に、さらに話を広げるコツを身に着けました。

真実なんてどうでもいいのです。問題は、認知症である人間が、どれぐらい心地よく話せるか。心地よく話している話題にポンと乗ってしまえば、「また忘れてる」「本当はそうじゃないでしょ！」「さっきも言ったでしょ！」なんてイライラせずにすむ。そしてこちらも楽になるという好循環が生まれるのです。

44　大惨事になる前に、笑うところを見つける

「そうだね」で家庭内は平和

と、そんな話を実は先日、養老孟司さんに吐露したところ、ずっと静かに聞いてくださっていた養老さんが、ひと言、発言なさいました。

「ウチと同じじゃないですか」

へ？　もしかしてお母様の介護のときのご経験かしらと思いきや、

「僕、女房に何を言われても、言い返さずに、そうですかって、話に乗ってます」

と。

ときどき奥様のおっしゃることが「違うぞ」と思っても、養老先生は決して否定なさらないそうです。

「逆らってはいけない。自分の思っていることと違っても、『そうだね』と言っておけば、家庭内は平和です」

笑っちゃいました。夫にはそんな苦労があったのかと思うと、ふと我が身を振り返

らざるを得なくなります。私、そんな反応されてたかしら。

たしかに妻という動物は、夫に否定されると、

「なんであなたはいつもそうやって私の言うことに反論するわけ？」

そう言って怒り始める。私にもそういう傾向があることは否めません。

「いつもじゃないよ」

「ほら、また否定した」

「いつもってわけじゃないだろう」

「だいたい、いつもです。いつもそうなんだから」

「晩ご飯、どうする？」

「ほら、私の話、ぜんぜん聞いてない！」


まあ、自らの家庭内のいざこざを披露したところでしかたがありません。分が悪くなったところで、そろそろこの本もお開きにすることといたしましょうか。

まあ、いざこざとて会話のストレッチ運動のようなものと思えば、どうということ

もないでしょう。どんなに気心の知れた関係だったとしても、完璧に意見が一致するはずはないのですから。養老先生のお言葉を借りれば、「自分のことなんか、人に理解されなくて当たり前と思ってりゃいい」ということです。

どちら様も（わたくしも）大惨事になる前に、笑うところを見つけて、万事まあるく収まることを願っております。

「で、今日はなに食べる？」

そうそう。このひと言は、どんなにギクシャクした会話をしていても、すっと心が軽くなり、眉間の皺がたちまち消える魔法の問いかけだと思いますね。

阿川佐和子（あがわ さわこ）
1953（昭和28）年、東京都生まれ。慶應義塾大学文学部西洋史学科卒。エッセイスト、作家。83年から『情報デスクToday』のアシスタント、89年から『筑紫哲也NEWS23』のキャスターに（いずれもTBS系）。98年から『ビートたけしのTVタックル』（テレビ朝日系）にレギュラー出演。99年、檀ふみ氏との往復エッセイ『ああ言えばこう食う』（集英社）で講談社エッセイ賞、2000年、『ウメ子』（小学館）で坪田譲治文学賞、08年、『婚約のあとで』（新潮社）で島清恋愛文学賞を受賞。12年、『聞く力——心をひらく35のヒント』（文春新書）が年間ベストセラー第1位、ミリオンセラーとなった。14年、菊池寛賞を受賞。著書に『ことことこーこ』（角川文庫）、『看る力——アガワ流介護入門』（共著、文春新書）、『ブータン、世界でいちばん幸せな女の子』（文藝春秋）など。

文春新書

1435

話《はな》す力《ちから》 心《こころ》をつかむ44のヒント

2023年12月20日 第1刷発行
2023年12月30日 第2刷発行

著　者　阿川佐和子
発行者　大松芳男
発行所　株式会社 文藝春秋

〒102-8008 東京都千代田区紀尾井町3-23
電話（03）3265-1211（代表）

印刷所　理想社
付物印刷　大日本印刷
製本所　大口製本

定価はカバーに表示してあります。
万一、落丁・乱丁の場合は小社製作部宛お送り下さい。
送料小社負担でお取替え致します。

ISBN978-4-16-661435-6